Le ministère des contes publics

Éditions Verdier
11220 Lagrasse

DU MÊME AUTEUR

Mobiles
Flammarion, 2013

La Toile
Gallimard, 2017

Personne ne sort les fusils
Le Seuil, « Fiction & Cie », 2020

Sandra Lucbert

Le ministère des contes publics

Verdier

www.editions-verdier.fr

ISBN : 978-2-37856-117-8

Le ministère des contes publics

I

Un verrouillage

Cannibales et truchements

Tours d'emmitouflés

II

Des serruriers

Le ministère a proprement parlé

Trébuchets et canons

III

Ce qui pousse et par où

Des cannibales en vérité

Se débattre la nuit

Du PFLB (et de la stréphopodie)

IV

Anamorphoses

Ce que vit Alice au travers du miroir

Très véritable histoire du décryptage

— La dette publique en littérature ? C'est complètement baroque comme idée.
— Complètement : la preuve.

I

Un verrouillage

Cannibales et truchements

1

C'est l'histoire d'un redressement – elle commence comme un mauvais rêve.

Un rituel est en cours. Je le regarde à la télévision.

Il y a un écriteau. En lettres vertes sur plastique blanc : « Salle Polyvalente ». Devant, des gens assemblés ; mécontents – de l'exaspération, des revendications brandies.

Une tension manifeste. Trois bustes sont penchés sur une liasse de papiers ; une femme en robe, un barbu à lunettes, chapeau et chemisette, un jeune homme à chignon et tee-shirt bleu. L'un d'eux pointe des passages du texte, énergiquement. Ses camarades opinent, se saisissent des feuilles.

Quelque chose d'irréel se dégage de la scène. Un invisible déroulement guide les participants. Des gestes décidés, sans décision dedans – des gestes *seulement*. Néanmoins partagés, mécaniquement coordonnés. Une composition spontanément calibrée : d'autres chemisettes, d'autres shorts, d'autres débardeurs, un poupon en plastique tenu en l'air, enveloppé de tissu rouge – un poupon-slogan. Des gens déterminés.

Détermination, ici, ne sera pas : *résolution,* plutôt : état de ce qui est conduit à se dérouler ainsi et pas autrement.

Le dernier arrivant passe l'entrée, fait la bise : *tu vas bien?* on lui répond : *il faut, hein, pas le choix* – les battants de verre se referment.

De part et d'autre du bâtiment, des gendarmes : calots, casquettes, gilets pare-balles, voiture. Eux aussi ont l'air de figurants, ils ont leur part dans le mime général.

Chacun prend sa place. Tout est en fait déjà scripté – cependant qu'on s'installe pour jouer l'acte complet.

Auquel j'ai tant de fois participé ; ailleurs – identiquement désactivée, identiquement mue. Ou immobilisée.

La suite est trop connue. Un changement de registre. Une berline grise, ceintures déclipsées, portières qui claquent. Un grand chauve s'en extrait, rasé de près, serré dans son complet – préoccupé. Plan suivant : à l'intérieur, devant l'estrade, il a rejoint d'autres costumes ; poignées de mains automatiques ; la pantomime, toujours – cette fois : côté gagnants. Vis-à-vis d'eux, des chaises moulées s'alignent, bras croisés nus des tenues estivales. L'officiel chauve s'assied, mâchoire carrée, la main retenant sa cravate. En face de la veste cintrée : des sandales.

Ce répertoire est déposé en moi. Ma participation réflexe se réveille à mesure – avec ma colère.

Ce cauchemar familier, on l'appelle désormais : *vie publique.*

2

Un cauchemar, néanmoins, ça s'examine. Quelque chose, toujours, se dit dans ses aberrations. D'ailleurs les rêves insistent : celui-ci reviendra, charriant son propos distordu ; sa logique ensevelie se saisira de nous – jusqu'à temps qu'on s'éveille.

Ce livre est un essai de traduction – ou d'interprétation des rêves. Ma participation à l'effort de réveil.

À la fin des *Cannibales,* Montaigne fabrique de quoi refigurer ce qui est devenu infigurable par trop d'habitude. De quoi saisir la forme d'un monde – le sien. Celui, toujours, qu'on perd de vue, puisqu'on y tient sans y penser.

Un chef indien débarque à Rouen, accueilli par Charles IX en personne. Le narrateur et son traducteur – son *truchement* – sont là aussi. On montre au visiteur ce qu'on sait faire de mieux dans le Royaume de France : manières, ornements, agencement de la ville. On se rengorge, on l'interroge impatiemment : que trouve-t-il de plus *admirable* dans cette société qu'il découvre aujourd'hui ? Le chef donne trois réponses – ou plus exactement : trois effarements ; dont le narrateur dit avoir oublié le troisième. Deux suffisent : quoi donc, en France, les pouvoirs sont si mal répartis qu'un enfant (Charles IX) commande à tant d'hommes faits et armés (sa garde) ? Quoi donc, en France, on voit des gens gavés, repus de tout, et d'autres maigres à faire peur, mendiant à leurs portes, nécessiteux qui pourtant acceptent de *« souffrir une telle injustice [sans prendre] les autres à la gorge, ou [mettre] le feu à leurs maisons »* ? Qu'est-ce exactement que cette société où les corps sont si mal partagés ? Où tout est à l'envers sans que pourtant nul s'en émeuve – pas même ceux à qui on fait mordre la poussière ?

Pour voir le monde social et politique auquel on appartient, il faut des *truchements* ; qui nous arrachent à nos évidences. Devenues branlantes sans leur cale langagière, elles *apparaissent* – pour ce qu'elles sont : une simple proposition.

Aussi bien, on pourrait trouver (vraiment) mieux.

Si par exemple j'interroge le chef indien sur la scénographie de la « Salle Polyvalente ». D'un côté : tongs, robes et chemisettes à fleurs, en *tu vas bien ? Il faut hein, pas le choix...* ; de l'autre : un contingent de gendarmerie et des importants, leur véhicule anthracite, leurs chemises immaculées et leurs complets de fossoyeurs. Quoi donc, en France, on appelle *débat* un rapport de forces si nettement défavorable que rien ne saurait être discuté ? Quoi donc, dans cet état des corps et cette répartition des forces, on fait semblant qu'un *désaccord* peut exister quant aux affaires de la cité ?

Car l'assistance est en colère en Salle Polyvalente. Un homme à lunettes est debout, il martèle au micro, poing droit frappant l'air – toujours cette détermination. *Vous avez une logique par rapport à un État qui est en train de saboter toute la fonction publique. Et la santé, c'est un des éléments que vous êtes en train de saboter. Ça fait vingt ans, vous vous foutez de notre gueule, vous avez saboté, vous avez saboté cette santé.* Le ton qu'il a, celui de l'écœurement ; la salle applaudit.

En face, la ligne officielle fait mur de patience.

Un autre citoyen s'est levé – le jeune homme à chignon : *Il me semble avoir vu, dans des textes de lois, je ne saurais pas vous dire lesquels, que chaque citoyen français avait droit à un service d'urgence à trois minutes de chez lui, et une maternité à trente-cinq. Voilà, c'est tout ce que j'ai à dire...* Il ajoute : *pour le moment.* On l'acclame. Un autre encore, le dernier arrivant : *Madame Buzyn avait dit « Tout est organisé ». Mais vous n'avez rien fait, en fait, vous n'avez rien prévu, vous avez fermé sans rien prévoir.* La salle tambourine.

Tel est l'objet de cette réunion : la fermeture d'une maternité. Plus largement : le démantèlement délibéré des services publics. Tous ceux qui parlent disent la même chose : se plaignent d'être privés de ce à quoi ils auraient *droit* – du moins en ont-ils l'impression. Il leur *semble avoir vu, dans des textes de lois,* difficile de *dire lesquels*, qu'on les prive d'un *dû*.

Ce sfumato involontaire, cette certitude qui peine à se constituer, je les connais aussi. C'est la part de vie publique qui reste aux dépossédés de la vie publique. Notre part : réclamation et indignation – sans rien derrière.

Mâchoire carrée est à temps de répondre. À présent debout, il a tombé la veste. Dans sa main gauche le micro ; de la droite il tient un point imaginaire, pouce, index et majeur rassemblés – il *explique. Je dis simplement que l'État fait ce qu'il peut pour s'adapter aux situations particulières. Vous ne pouvez pas non plus [lui] demander de faire du cousu main pour les soixante-sept millions d'habitants.*

Les assistants s'insurgent.

Il ouvre la main, les faits sont les faits : *Ce n'est pas possible, vous le savez très bien. Il faut aussi accepter qu'il y ait des trous, et il y a des trous à la raquette.*

Huées. *On ne reviendra pas sur la fermeture de la maternité, tout simplement – j'entends votre mécontentement – tout simplement parce qu'elle a été fermée pour de bonnes raisons.* Reprise des quolibets, ça siffle de partout.

Et tout est terminé.

Grincement de porte – sortie par l'arrière du bâtiment. Les responsables et leurs costumes se tirent parmi les platanes. Juste après, gros plan visage de l'homme chauve, dont on apprend les qualités par un insert : « Hugues Moutouh, préfet de la Drôme. » *J'ai rappelé tout à l'heure devant le conseil communautaire et devant le public qui était présent que dans les cinq dernières années, l'État avait donné onze millions d'euros pour le territoire du Diois.*

Il articule au point de grimacer : *On ne peut bien évidemment pas satisfaire tout le monde* – les traits crispés, il reformule. Puis insensiblement, sa face s'apaise, trahissant les approches d'un havre discursif. Pourquoi cette réunion était-elle inutile ? Pourquoi la fermeture, toutes les fermetures, ont été, seront, devront être avalées ?

Nous sommes aussi comptables de la dette publique.

Le préfet est entré dans le domaine des vérités éternelles.

3

En lieu et place de débat contradictoire, donc : un tour de passe-passe. Montaigne dirait : une *piperie*. Sentiment pénible des rêves d'empêchement : tous *agis* et *parlés* pour notre amoindrissement systématique. Et forcés d'accepter. Rassemblés pour des « conseils », des « réunions », des « assemblées » qui tiennent invariablement du numéro d'hypnotiseur – on en connaît d'avance le final : « Ainsi le veut l'économie. »

Et dans ce cas précis : « Ainsi le veut LaDette. » Car : LaDettePubliqueC'estMal.

Partage des rôles et des pouvoirs selon qui assène ou qui subit l'énoncé.

D'une part : une population toujours-déjà défaite – tape du poing dans l'air. De l'autre : des adultes gestionnaires, un discours rodé qui fait clôture – des flics.

Ce discours, c'est celui de *l'État, qui fait ce qu'il peut,* agit pour *de bonnes raisons,* et *donne* de l'argent aux territoires. Un État dispensateur de bienfaits, un État parental, expérimenté, patient, oui, ça *vous le savez très bien*. Un État et son représentant préfectoral qui parlent simplement à leur progéniture tumultueuse : pas de *cousu main,* non, on est bien trop nombreux, pensez un peu ; inévitablement : *des trous à la raquette* – que voulez-vous, c'est la vie, c'est comme ça, les enfants, on ne peut pas tout avoir, il faut partager, *il faut accepter*.

Soyez raisonnables.

Le préfet Moutouh n'y peut rien : il n'est qu'un fonctionnaire de l'ordre des choses ; *c'est la vie,* explique-t-il patiemment aux petits, la main en pince. Il y a des nécessités naturelles : on met la main sur le feu, on se brûle. On désobéit, on est puni. La Dette Publique, C'est Mal. C'est bien compris ? On va vous la fermer, votre maternité. Et plus d'espaces entre les mots : LaDettePubliqueC'estMal – ça rentre mieux quand c'est compact.

Maturité parle aux immatures. Le préfet Moutouh nous *« fait une gueule »,* dit Gombrowicz : une gueule de chiards, *« cuculisés »* bien comme *il faut*. Comprendre : tenus en l'état de minorité, à l'écart de nos propres affaires, privés de tout moyen de s'en faire une idée. Alors, en garderie discursive – rendus aux pleurnicheries, puisqu'on ne comprend rien à la technique : la dette, qu'est-ce qu'on en sait ? Répéter tant et plus qu'il y a *sabotage* délibéré, se prévaloir de textes de lois qu'on ne pourrait citer, constater que la ministre de la Santé *se fout de notre gueule* – et, d'avoir été dépouillés de toute capacité politique, ne trouver d'autre issue que les lamentations.

Le préfet, lui, est muni. Il connaît les formules, asserte au présent de vérité générale, remobilise les vérités éternelles : aucun besoin de justifier – les énoncer suffit. *C'est.*

Le préfet de la Drôme nous fait une gueule d'impuissants.

Tellement que le contingent de gendarmes est ici superfétatoire : le ligotage se fait ailleurs – très en amont. La langue se charge du service d'ordre. Patrouilles intériorisées, insues – de celles cependant que la littérature peut attaquer.

La naturalisation des énoncés économiques nous a retiré quelque chose. Quelque chose sans quoi notre vie collective est comme posée devant nous – machine qui joue sans qu'on en voie les ressorts ni les plans. Un envoûtement sans cesse reconduit. Par piperie de langage, on nous tient au programme décidé, les questions de finalités sont sorties de la discussion.

Le numéro est éprouvé : les moyens (gestionnaires) séparés de leurs fins (inavouables) finissent par devenir eux-mêmes des fins (indiscutables) – parce que la-rationalité-supérieure-de-l'économie.

On nous assène des verdicts techniques décidés ailleurs – entre techniciens.

Des formules, toujours les mêmes, sont proférées. Dormez, je le veux.

Et nous dormons. Marchez, je le veux.

Et nous marchons.

On sait les puissances hypnotiques de la langue. Capable de paralyser la volonté ; de tout faire faire et accepter. Rien d'étonnant par conséquent à ce que le langage économique puisse ainsi nous frapper d'impuissance. Ses énoncés opaques nous rapetissent à proportion qu'on n'y entend rien – on nous dit L'endettement-atteint-120-%-c'est-très-grave, aussitôt nos paupières se font lourdes, nos muscles gourds et nos langues collées.

Des cannibales insiste : si le chef des Indiens repère le déséquilibre du corps social français, c'est depuis *« une façon de [...] langage telle, qu'ils nomment les hommes moitié les uns des autres »*. Les Indiens débarqués à Rouen ne disent pas « les gens », « les habitants », « les sujets » : ils disent « les moitiés ».

Il y a en France une minorité repue dont la boutonnière craque tandis que leurs moitiés sont affamées.

Dit comme ça, c'est plus frappant.

Plus périlleux aussi. Pour les pouvoirs – car des esprits déliés se satisfont rarement de mordre la poussière.

4

Quitter notre *façon de langage* et repérer ce qu'elle nous subtilise : j'enrôle Protagoras pour faire second *truchement*.

Protagoras à qui Socrate demande justement ce que c'est qu'il enseigne, qui lui vaut si bonne réputation. À quoi l'autre répond : Eh bien, Socrate, c'est tout simple : j'enseigne l'excellence dans l'organisation de la vie privée et de la vie publique. Socrate reformule : Tu veux parler de l'art politique, Protagoras ?

C'est toi qui l'as nommé.

La discussion peut commencer.

Socrate, comme on sait, est tourmenteur. Sa grande passion, c'est de faire toucher terre à ses interlocuteurs. La joute intellectuelle, l'*agon*, il y est de première force – et il n'est pas mécontent d'avoir trouvé à qui se mesurer.

Ah, vraiment, Protagoras, tu enseignes l'excellence politique ? Comme c'est intéressant. Parce que, tu comprends, moi je tiens pour certain que la politique ne s'apprend pas. Considère seulement le cas d'Athènes. Quand les Athéniens s'assemblent pour entreprendre de grands travaux, disons : construire des trirèmes ; qui consultent-ils ? Exclusivement des gens du métier – qui ont acquis un savoir-faire en ces matières : les architectes, les charpentiers, les forgerons... Qu'un serrurier, pourtant, s'avise d'intervenir, on le chahute, on lui impose silence : on le renvoie à ses verrous – qu'il se mêle donc de ce qu'il sait ! Tout au contraire, lorsqu'il est question en assemblée de l'administration de la cité, quiconque peut intervenir : grossistes, cordonniers, riches et pauvres sont écoutés. À l'évidence tous s'estiment détenteurs de l'art politique. Si cependant tel est le cas, y a-t-il lieu d'enseigner quoi que ce soit ? Tu le soutiens, tu en fais même profession, j'aimerais connaître tes raisons – ne me refuse pas cette démonstration.

Ah, ça, Socrate, je ne demande qu'à t'obliger : comment te plairait-il que la preuve soit faite : tu veux que je raconte ou bien que je raisonne ?

Décides-en, Protagoras, clame l'assistance.

Alors je raconte. C'est tout de même moins éprouvant.

Nous sommes aux temps lointains où seuls les dieux existent. Au jour marqué pour créer le règne vivant. Une tâche de Titans, que Zeus confie à deux d'entre eux : Épiméthée et Prométhée.

Épiméthée veut se charger de tout, convainc son acolyte de le laisser faire, lui assure qu'il pourra contrôler l'ouvrage avant livraison. Prométhée cède. Voici Épiméthée tout excité, à répartir les aptitudes aux différentes espèces ; soucieux de faire un monde à l'équilibre. Telles créatures auront des cuirs épais pour habiter des zones froides, telles seront frêles mais ailées pour s'échapper, d'autres griffues pour creuser un terrier ; et puis les carnassières se reproduiront peu, tandis que leurs proies, elles, seront assez fécondes pour se renouveler en quantité. En somme, il équipe les animaux à merveille et réalise un ensemble magnifiquement balancé. À un détail près, cependant. Comme il récapitule fièrement son chantier, brusquement, que voit-il dans un coin ? Les humains. Nus, sans chaussures, incapables de rien fabriquer – *amekhanoï* –, dépourvus de tout attribut naturel. Et le Titan s'affole puisqu'il a réparti toutes les dotations, il ne lui reste rien à distribuer. Prométhée, venu inspecter l'avancée des travaux, constate et comprend : il va falloir rattraper ça – Zeus a souci d'être obéi. Affaire mal engagée, pourtant : c'est qu'il n'y a plus rien de licite à tenter pour sauver les humains de la mort programmée. Il faudra se faire hors-la-loi. Ni une ni deux, Prométhée décide de braquer les dieux eux-mêmes (on sait comment il en sera remercié).

La porte de Zeus est trop bien gardée, il se rabat sur celles d'Héphaïstos et Athéna. Prométhée leur dérobe le feu et la technique – *in extremis,* les offre aux humains. Ce n'est pas si mal – ce n'est pas assez. Sans doute les humains peuvent désormais se chauffer, se nourrir, démarrer de petits artisanats pour se vêtir, mais ils sont sans défense contre les carnassiers. À moins de s'assembler et de s'organiser *collectivement* ; ce dont ils s'avèrent incapables, combien qu'ils essayent : à peine réunis, c'est plus fort qu'eux, ils se disputent, ils s'entretuent, se redispersent – se font dévorer à nouveau.

Ils vont s'éteindre, c'est évident, dit Zeus à Hermès. La technique ne peut rien sans l'aptitude politique. Descends immédiatement la leur donner. À tes ordres, Zeus, répond Hermès, mais selon quelle répartition ? Dois-je différencier les dotations comme l'a fait Prométhée pour les spécialités techniques ? Ou dois-je donner à tous *également* la capacité politique ?

À tous, évidemment : s'il leur revient de la développer, il les faut au moins *capables* politiquement sans exception, par-delà toute technicité. Sans quoi cette espèce-là disparaîtra.

Dit comme ça, c'est plus frappant.

Ce qu'on nous a retiré, c'est l'aptitude politique. Une aptitude, pourtant, que Zeus nous avait *expressément* attribuée – à *tous*. Et que des expertises techniques prétendent supplanter – nous ramenant à l'inintelligence collective.

Le chef indien avait raison. Tout est cul par-dessus tête dans l'ordre néolibéral : des spécialistes des verrous s'occupent de politique. On croit rêver – précisément.

5

Socrate n'est pas seulement tourmenteur : il est retors. Feint d'entrer dans la logique de l'autre, le fait parler de la vertu et de l'art politique, à quoi tous devraient avoir part, qu'on fera grandir en eux.

Lui pense que « tous » n'est qu'un *« gros animal »* – inapte.

Tours d'emmitouflés

1

Ce que Zeus avait fait pour nous rendre capables, le capitalisme n'avait qu'à le défaire. Il suffisait d'y travailler – dans un esprit socratique. Bien faire entrer par les oreilles le sentiment de l'impuissance.

Je pense à ces pochettes de vinyles, un Jack Russell terrier, museau tendu au pavillon d'un gramophone : « La voix de son maître ». Du bon gouvernement de l'animal.

Zeus démis par un tourne-disque.

« Le véritable ennemi, c'est l'esprit réduit à l'état de gramophone », dit Orwell. Pour conduire les humains à renoncer à leur faculté politique, il a suffi d'une *musique d'ambiance*. Depuis, on a sophistiqué le procédé, mais le principe n'a pas changé – porté à la puissance : l'ambiance est désormais *stéréophonique*, les chaînes d'« information » sont continues.

Parmi les morceaux qui nous tympanisent quotidiennement, LaDettePubliqueC'estMal est un incontournable. Succès tellement inusable qu'il a fini par dépasser sa condition de musique d'ascenseur. On n'en fait plus seulement un fond sonore, son air est devenu premier – il musique éditos, débats, chroniques.

Le « reportage » de France 5 d'où j'ai tiré la saynète de Die est justement une variation sur le thème. Titre sobre, équilibré : *« Dans le piège de la dette »*. Un numéro spécial de *C dans l'air* – une émission dédiée à la causalité atmosphérique. Ici, la revue est complète : la scène de LaDette dans sa totalité, ses personnages, ses lieux, ses figures.

À un rythme soutenu se succèdent des intervenants politiques (sous de très hauts plafonds), des experts économiques (dans une pénombre d'initiés) et des déplacements *en région* (où les services publics disparaissent – *inexplicablement*).

La démonstration est dans le titre : la dette est un piège, il faut en sortir = il faut la rembourser. Une fois la prémisse posée – LaDettePubliqueC'estMal –, le reste s'ajustera en conséquence.

Et déjà la bande-son. Un vibraphone, des cordes, une boîte à rythmes, et deux principes : des motifs minimaux qui vont se resserrant, des crescendos qui s'arrêtent brutalement. Au total : une heure et demie dans des palpitations, alarme subliminale continuelle. Sans objet que *LaDette*.

C'est dans l'air, donc, de se sentir obscurément mais sûrement menacé. Un « reportage » entièrement dépourvu d'analyses : simple courroie de distribution affective. Service public des mauvais augures : tout y est bon.

2

Ainsi, les citoyens de Die – leur Salle Polyvalente, leur protestation.

Ils tiennent une place de choix dans le protocole d'asphyxie. Tout le premier tiers du reportage s'appuie sur le cas de cette ville frappée à mort : *À Die, les habitants accusent l'État d'avoir causé un drame en fermant la maternité.* C'est la voix off de la présentatrice : Caroline Roux – la personne bien informée ; à qui on ne la fait pas.

Sa neutralité journalistique est au-dessus de tout soupçon ; il y a des notes discordantes, des *accusations* : elle les fera entendre. Souci-du-contradictoire, objectivité-sans-parti-pris.

À Die, la maternité a fermé pour des raisons d'économie, un accouchement a mal tourné, l'enfant est mort. C'est un malheur saisissant, raison du rassemblement que j'ai raconté ; du poupon en plastique enveloppé de tissu écarlate. Die est en deuil.

Un deuil que *C dans l'air* exploite sans vergogne pour en tirer les conclusions inverses de celles qu'il devrait imposer.

Le 18 février, dans la commune de Châtillon-en-Diois, Fabrice Martinez appelle les urgences. Ce père dévasté est ramené par France 5 sur *les lieux du drame* – il livre le récit exhaustif d'une nuit atroce. Début des contractions, il appelle les urgences : puisque Montélimar – désormais maternité la plus proche – est à plus d'une heure de voiture. Mais les urgences sont débordées ; il est prié d'attendre. L'attente dure, commencent les saignements. Il appelle le 15. Les pompiers arrivent : manque l'hélicoptère. Ils attendent l'hélicoptère. L'attente dure : deux heures. Et quand l'hélicoptère arrive ; il n'y a plus que la mère à sauver. L'enfant est mort.

C dans l'air ne décomposera jamais l'enchaînement financier qui mène à ce désastre. LaDettePubliqueC'estMal emporte tout dans des trilles de violons et les explications sagaces de Caroline. Fabrice Martinez finit par conclure : *À ce moment-là, je ne comprends pas que tout le monde est démuni, en fait* – et la voix off de compléter : *Tout le monde est démuni parce que ce soir-là, l'hélicoptère, désormais prévu en cas d'urgence, n'arrive pas.*

Une narration tellement tautologique qu'elle laisse presque soulagé. On *comprend.*

Pourquoi l'hélicoptère qui était attendu n'est-il pas arrivé ? Parce qu'il n'est pas arrivé.

Pourquoi c'est comme ça ? Parce que c'est comme ça.

La séquence est finie, il faudra l'accepter. On le savait depuis la Salle Polyvalente, c'est confirmé par Caroline : *À Die, ce 4 juillet, les habitants veulent croire que tout n'est pas perdu. C'est le rendez-vous de la dernière chance avec le préfet, pour convaincre l'État de revenir sur sa décision et de rouvrir la maternité.*

Les *veulent croire de la dernière chance* ne servent qu'à faire monter les intensités – artificiellement, inutilement : à la fin, tout se passera comme ça doit.

Symétriquement d'ailleurs, Caroline remarque – informatrice toujours exacte : *Face à cette colère, le préfet assume clairement ses choix budgétaires.*

Clairement est sous l'accent tonique.

3

Ce spécial *C dans l'air* n'est donc pas un « reportage » au sens où il pense l'être. Le document, c'est lui-même – sans qu'il en sache rien. Il ne parle pas de la dette : il parle LaDette. Il ne montre pas, il *est* la scène discursive de la dette. Ce n'est pas une « investigation », c'est une *miniature*. Une collection des essences et des types : agents représentatifs et tropes élémentaires.

La scène est divisée – mais non pas conflictuelle, c'est là tout le point.

« Objectivité » journalistique oblige : d'un côté il y a les mécontents – on est bien tenu de les montrer –, ils sont pourtant moins des personnes que des désordres affectifs.

De l'autre, la raison réaliste et ses incarnations. Elles sont toutes là, sur France 5 – c'est qu'il faut justifier d'un enfant décédé. Alors on a sorti tous les porteurs de la Justification. Ils se la refilent les uns les autres, l'adhérence est totale : *c'est*. La Dette, non seulement c'est, mais c'est *mal*. Et puis c'est mal *parce que*. Il se trouve que cette répétition sert des intérêts – les leurs, ceux d'autres auxquels ils sont accrochés. Tout cela pourtant est recouvert par autre chose : le rengorgement de la certitude unanime.

Répéter avec autorité les énoncés sanctifiés par le ressassement collectif, ça fait se sentir *plein* – un contentement pareil, il faudrait s'en priver ? *Dans le piège de la dette* ne se refuse rien.

La certitude s'accroît de locuteur en locuteur, dans le transport s'affermit l'*opinion* – celle qu'ils font et celle qui les fait. C'est une propagation, elle galvanise tous ceux qu'elle investit – et nul n'aurait l'idée d'examiner un *entraînement*.

Montaigne dit : « *L'erreur particulière fait premièrement l'erreur publique, et à son tour après, l'erreur publique fait l'erreur particulière. Ainsi va tout ce bâtiment, s'étoffant et formant de main en main : de manière que le plus éloigné témoin en est mieux instruit que le plus voisin, et le dernier informé mieux persuadé que le premier. C'est un progrès naturel.* »

Erreur, intérêt, mélange des deux, peu importe : c'est l'efficace du discours que je veux déplier – son *progrès naturel*.

Ne surtout pas s'imaginer des personnages cyniques ou menteurs. Tous les agents stéréophoniques croient à ce qu'ils disent – et sincèrement. Oui, vraiment, les-dépenses-publiques-il-faut-arrêter, même si tout : et le Covid, et les ponts qui s'écroulent, et les enfants qui meurent.

Pas inutile de s'y mettre à plusieurs pour garantir ce que le réel entier contredit.

Plusieurs d'un certain genre, cependant : quoique tous différents, tous identiques. Tel est le cahier des charges de la musique d'ambiance : la diversité monolithique, la pluralité des vues uniformes. Voilà le secret de l'*objectivité* de *ce qui se dit*, maintenant séparé des intérêts particuliers d'où émane ce *dit*. C'est par cet effet de coupure – par lui seulement – qu'*ainsi va le monde*. On ne sait plus bien d'où *l'on dit* tombe, mais c'est forcément vrai – puisque tout ce monde est d'accord.

La Langue du Capitalisme Néolibéral – la LCN, en abrégé – requiert absolument le bariolé dans l'identique : le *c'est comme ça* doit s'énoncer depuis une multitude d'endroits différents, *manifestement* indépendants les uns des autres.

On parle, pas une machine coordonnée d'oppression discursive.

Il faut alors se figurer une galerie de parlures, de vêtures et de mines – de grimaces, dit Pascal, oui : un défilé des grimaciers. Réunis sur France 5 pour *Le piège de la dette* – chacun aura ici son heure ; par ordre de rang. Des ministres d'abord, des anciens, des actuels, et de tous les partis, tous les gouvernements – bariolé identique. Et puis des Sages, eux par-delà l'identique et le bariolé : ils ont atteint la sagesse, celle qu'on trouve à la BCE ou à la Cour des comptes. Enfin : des experts. L'escamotage politique par la technique, c'est leur spécialité.

Quant au média : faut-il préciser qu'il participe lui-même de la scène ?

Caroline Roux raconte une histoire dont elle ne s'avise pas qu'elle est un personnage.

4

Ne jamais négliger les mines. Si certains « *s'établissent par la force [...] les autres [le font] par grimace.* » Pascal encore : « *Nos magistrats ont bien connu ce mystère. Leurs robes rouges, leurs hermines dont ils s'emmaillotent en chats-fourrés, les palais où ils jugent, les fleurs de lys, tout cet appareil auguste était fort nécessaire ; et si les médecins n'avaient des soutanes et des mules, et que les docteurs n'eussent des bonnets carrés et des robes trop amples de quatre parties, jamais ils n'auraient dupé le monde qui ne peut résister à cette montre si authentique.* »

L'Histoire peut faire varier les formes de cette vérité-là, elle reste un invariant politique. Telle société résulte toujours de la victoire de quelques-uns sur les autres – et ceci doit être oublié : « *Il ne faut pas [que l'on] sente la vérité de l'usurpation, elle a été introduite autrefois sans raison, elle est devenue raisonnable. Il faut la faire regarder comme authentique, éternelle et en cacher le commencement si on ne veut qu'elle ne prenne bientôt fin.* »

Gramsci et la séquence de Die donnent raison à Pascal : un État ne se soutient pas uniquement par l'appareil de force, mais par l'assentiment passif des dominés. Les gendarmes n'étaient pas nécessaires – la piperie, si. La nuance est d'importance et Gramsci lui donne son concept : *l'hégémonie* – l'ensemble d'opérateurs de consentement par où une *domination* devient une *direction*. Partagée par tous, parlée par tous, elle impose le *normal*. Elle semble avoir toujours été et devoir toujours être. Elle se prétend de l'intérêt de tous ; en réalité, ne bénéficie qu'à certains.

Un ordre social ne dure qu'à proportion de *c'est ainsi*. C'est ainsi : il y a des riches et des pauvres, des qui peuvent étudier – d'autres pas ; il y a des gens qui vont se « confiner » au plein air de l'île de Ré – d'autres qui étouffent à cinq dans un deux-pièces à Saint-Denis ; des qu'on ne contrôle pas – d'autres qu'on tabasse à mort.

C'est comme ça n'existe pas sans sa langue, et s'il exprime *en fait* le triomphe d'un groupe sur les autres, il parle tout le monde comme si tous y gagnaient également.

Nous sommes aussi comptables de la dette publique, affirme le préfet – « nous » ; nous tous, s'entend. C'est dans l'intérêt de *nous tous* qu'il faut la réduire. Sans doute, parfois des enfants meurent parce que l'hélicoptère n'arrive pas. *Il faut aussi accepter qu'il y ait des trous à la raquette*.

La grimace sermonne, et les bonnets carrés n'admettent pas de réplique. À eux la *morale*, à eux la *vertu* ; à nous le *cucul* (c'est toujours Gombrowicz). Un amas de niaiseries qui nous laissent tout rageux de gros mots : *vous vous foutez de notre gueule*.

Les bonnets, eux, sont calmes, ils sont posés, ils sont polis – ils ont même des figures de style. Chacune seule en impose, ensemble elles nous disposent. À chaque parleur la sienne, ou ses petites combinaisons – affaire de préférences. Ce sont les proportions qui changent. Jamais les tours de langue ni les tours de pensée. Ils mettent à l'envers ce que nous sentons à l'endroit, réduisent tout le vocabulaire à ce renversement. Et nous laissent cauchemarder dans leurs *mots inversés*. Bouclés dehors. La voilà, la piperie.

C'est dans l'air, c'est une revue de procédés. *Cuculiser, moraliser, inverser* – les trois premiers. *Terroriser* – ça fait quatre. Crier au loup, à la crise, à la dette ; en tout cas c'est terrible. Et puis : *techniciser*, c'est-à-dire envelopper d'abscons, tartiner d'économique – expliquer par l'incompréhensible. Enfin *escamoter* : les causes des effets éprouvés. C'est qu'on ne dit pas tout aux enfants – ils ne comprendraient pas. Ils feraient des caprices, on n'en finirait pas.

Cuculiser, moraliser, inverser, terroriser, techniciser, escamoter. Six au total.

La *montre* n'est donc pas seulement affaire de vêtures, mais aussi de parlures – de tours, de *tropes.* LaDette : une tropologie. Faite pour tout distordre. Et nous entortiller dans l'impuissance.

5

Maintenant, une expérience : ôtons aux chats-fourrés leurs atours de parole. Les nécessiteux pourraient se redresser – et pourquoi pas : prendre leurs chères *moitiés* à la gorge.

En commençant par leurs gouvernants.

II

Des serruriers

Le ministère à proprement parler

1

Édouard le premier. Un privilège d'antiquité. Il vient d'un autre temps : LaDette a quarante ans. Il n'est plus gouvernant ; le fut longtemps ; parle encore tout comme.

Édouard est majestueux. Rien de ce qui empèse ne lui est étranger. Et les bajoues, et le double menton, et les plafonds moulés ; il sera filmé dans ses meubles, on verra luire ses parquets, son profil de médaille ; cheveux blancs lissés vers l'arrière. Sa veste a trois boutons, pour n'en boutonner qu'un ; ses manches arrangées à l'inverse, un seul bouton défait – que l'on voie ses manchettes. *Édouard* y met du soin, c'est un emmitouflé. Chemise à liserés bleus, cravate bordeaux à points infimes ; un nœud renflé. Il sait l'art des soutanes et des bonnets carrés.

Édouard était ministre. *Édouard* c'est *Balladur.* Droite de vieille noblesse, ses ors et sa superbe. On le dit pieux ; ses chaussettes viendraient expressément du Vatican.

Édouard a de l'emphase, la voix nasale du raffiné – le débit lent ; car il est fatigué ; il s'est commis, longtemps, dans les gouvernements. Las, il les a vus se succéder, et *manquer de courage.* Il lui faut condescendre à nous en entretenir, à déplorer, encore, l'impéritie humaine. Déjà à la tribune, ministre des Finances, il poussait sa voix : *il s'agit d'éviter ce piège mortel de la dette* ; s'il préfère la litote, il sait parler *terreur* ; il est coupeur de dette.

Privatiseur *préoccupé* : les dépenses sociales font tant de mal à notre société. Regardez tous ces gueux devenus *assistés* ; on les dégrade, on détruit là toute leur utilité.

Il eût été aristocrate ; de regrettables événements ont jeté le Royaume dans l'anarchie universelle. Né en démocratie : pour un semblant de règne il eût fallu plaire à la plèbe, il n'a pas su ; il n'aurait pu ; il n'avait que des inférieurs. Faisait campagne sur des marchés couverts avec des gants fourrés.

Combien qu'en soit dégradé le service, c'est un homme de l'État, il a de la *morale* : à tous âges qu'on le voie, il expose, gravement, le drame de la Dette : tant elle s'accroît, tant la France décroît. *C'est une question de courage politique ; et la question fondamentale, c'est de savoir si c'est utile ou pas, à la société, à la nation ;* faut-*il, pour résoudre certains problèmes, fabriquer des déficits, et donc de l'endettement ? Édouard* est plein d'onction, sait d'Où il tient son magistère. Il soupire, fait tournoyer délicatement sa main : Oui, bien entendu, on peut toujours décider de *financer l'économie un peu à… à guichets ouverts.* Il se frotte l'œil et le dit tout bonnement : évidemment, oui, on peut s'endetter ; mais *dans ces conditions, c'est un gaspillage pur et simple, et c'est au fond une politique de facilité.*

On le sort, quelquefois, comme ici, pour France 5 ; il prend bien la lumière, il est raide et navré ; la morale lui sied. Il dit bien son couplet.

Facilité, gaspillage, guichets ouverts ne passeront pas par lui. *Édouard* est vertueux, *Édouard* est courageux, *Édouard* est à sa place : il faut couper dans *nos* dépenses. *Nous* sommes impécunieux, et ruinons la nation.

C'est que le plan divin ne se voit pas si bien depuis les dépendances.

2

Qui prendrait le style noble pour la tendance, il serait détrompé – France 5 y veille : voici *Gérald*. Voici Bercy. Surplomb vitré, ville couchée, Seine d'argent.

Gérald est la tendance, ou plutôt : il la suit. Il s'est fait sans l'ENA ; autodidacte du Dogme. Ne se demande pas si *ça* fonctionne pour le pays : il voit que *ça* fonctionne pour lui. Bercy verrouille tout, il lui fallait Bercy. Un roturier dans la noblesse d'État ? Les technocrates l'ont accueilli selon son rien social ; il a soutenu le siège – les notes, les dossiers, traités, rendus *dans les délais*. Tellement qu'il en a imposé aux inspecteurs des finances – à proportion qu'il partait d'une rigole. Et puisqu'il faut couper la Dette : Bercy ? Ce sera moins 10 000 postes.

Gérald est dangereux. Il se dit homme de peu ; mais c'est *peut* qu'il faut dire.

À l'heure où on le voit, il est ministre *de l'Action et des Comptes publics*. L'Action intransitive, en tirs tendus : un *Il faut* pour toujours séparé de sa circonstancielle. C'est une tournure de LCN qu'il affectionne ; à l'instar d'*Emmanuel*, il est *déterminé* – ne dit jamais à quoi – ; il ira *jusqu'au bout* – ne dit jamais de quoi – ; il *fera les réformes* – ne dit jamais pour quoi. Ou pour qui.

Le ministre des contes publics fait l'Action *seule en scène* ; nous sommes au spectacle, par préfet interposé ou devant la télé. Il nous fera marcher dans une direction toujours tenue cachée – car la nommer, c'est mettre fin au sortilège. Ne jamais dire ce qui est : que l'Action intransitive est en fait violemment transitivée – au service des intérêts financiers. L'argent doit aller à l'argent, il faut cesser de gaspiller dans des infrastructures et des services publics. *Agir*, c'est corriger la démocratie, c'est la discipliner par les marchés.

Qui doit tenir ces comptes cachés doit savoir en conter : tout mettre cul par-dessus tête et nous faire aller droit. *Pourquoi vous avez beaucoup d'impôts, même si nous les baissons ? Beaucoup de dettes ? Parce que vous avez beaucoup de dépenses.* Au travers du miroir de Bercy, les énoncés, une fois la prémisse effacée – nous les baissons uniquement *pour les fortunés et pour les entreprises*, et *ce faisant* les recettes fiscales s'effondrent –, seront mécaniquement inversés. Moins de recettes fiscales par exonération des riches devient : trop de dépenses pour ceux qui payent les impôts à la place des riches. *Vous avez un système social très très important, ben, ça se paye*; vous avez une offensive capitaliste très très organisée, ben, elle se paye : elle s'est donné des structures financières – une main invisible qui dirige les politiques nationales.

Tous les comptes de Bercy commencent par là – son « il était une fois ».

3

Face à face dans des fauteuils Empire; *Gérald* et *Caroline* ont un long entretien. *Gérald* en costume slim et cravate bleus, chemise blanche, col semi-italien – en habit de finance corrigé de *sérieux*; Caroline toute en moues : câlines, mutines, pâmées, empathiques; cheveux blonds relevés et escarpins à bouts dorés. Leur duo est très au point.

Gérald justement lui a servi un conte de Bercy; elle assure la relance – souci-du-contradictoire, objectivité-journalistique – : et *pourtant, pardon je vous coupe, les Français sont en colère, les Français ont le sentiment de ne pas en avoir pour leur impôt : 56 % de* PIB en *dépenses, et en même temps une insatisfaction française, comment est-ce que vous l'expliquez ?*

Toujours par le *bon sens,* par exemple en dictons. *Vous savez il y a une sagesse populaire qui dit : quand on s'ausculte on s'inquiète, quand on se compare on se rassure.* Dans les contes de Bercy, *encore une fois, l'hôpital est gratuit, l'école est gratuite* : Bercy dit *gratuit* pour les cotisations. Vous reprendrez bien un proverbe ?

Ou un petit personnage ? Par exemple *Robert* qui *prend sa voiture au fin fond de Vierzon, pour aller travailler quarante kilomètres ; bah effectivement, on a l'impression que le prix du diesel il a pas été très pensé par les sachants qui nous gouvernent.*

Plutôt une bande dessinée ? *L'État c'est un gros paquebot, il est très compliqué, ce n'est pas un hors-bord [...] il faut beaucoup de courage et du temps ; et quand vous prenez une tempête sociale, comme les Gilets jaunes, le capitaine du navire, il peut pas dire « en tempête c'est pareil qu'en eau calme ».*

Il était une fois un ordre capitaliste qui nous a fait une gueule d'intempérie. Et nous explique en bêtifiant que le *pouvoir, encore une fois, c'est compliqué, très compliqué* – pas toucher, les enfants.

Gérald est si plein d'abaissement qu'il s'est élevé naturellement dans le néolibéralisme – il y prospère. C'est un transfuge, il entend arriver ; il a saisi la Direction, il s'y engage sans ménagements. Il repère les *il y a, on est dans, c'est comme ça, c'est dans l'air* ; il s'en plastronne. *Gérald* débite *LaDettePubliqueC'estMal* dans la totalité de ses combinaisons ; il matraque le *normal* – le ministère suivant, pour lui, c'est l'Intérieur. Ça s'enfonce dans les yeux, les oreilles et les culs, les *Il faut,* les *On doit* ; ça doit vous constituer ou bien vous étouffer ; pour l'heure sa bouche en est peuplée. Il est si plein de vérités impersonnelles qu'elles s'entre-démolissent ; ses phrases sont effondrées ; sa grammaire : un éboulis continuel.

J'apprends pourtant dans *Capital* qu'il lit le cardinal de Retz : il y a pris ce qu'il pouvait – pas la syntaxe.

Ses phrases ne font pas sens ? *En soi je ne suis pas un ennemi de la dette, mais en même temps, ce qui est anormal, c'est de croire que ce n'est pas un problème.* Ses phrases vont dans le bon sens.

On le dit populiste ; il est surtout fasciste – un temps contributeur de *L'Action française.* Il a des contes hégémoniques pour toutes les occasions. Ainsi : qui veut sortir de la misère, si elle est femme, elle doit être violée. Ou bien : qui veut être Français, s'il est musulman, il doit y renoncer.

Et puis ici : *quand plus de la moitié de nos prêteurs sont étrangers, quand il faut leur faire la cour, parce qu'on est pris à la gorge par quarante ans, vous l'avez dit, par quarante ans d'endettement ; alors on n'est plus dans le j'emprunte à ma banque et je rembourse, on est dans le : je subis les marchés financiers.*

C'est une gymnastique : on prend les énoncés, on les retourne – *on est dans le.* On moralise un peu, on compare au passage des entités non comparables (l'État, les ménages) ; et on conclut : *Moi, je crois beaucoup à la souveraineté nationale* – pour ne pas subir les marchés financiers, il n'y a qu'une chose à faire : satisfaire en tout point les marchés financiers. On ne défend jamais si bien la souveraineté qu'en abdiquant toute souveraineté.

4

Une preuve par le vide : c'est *Jean-Marc.* On passe l'arme à « gauche ».

Jean-Marc est agrégé, devrait avoir des lettres ; elles se seront lassées de séjourner chez lui ; à peine son costume tient – manquent des épaules, une colonne : quelqu'un pour le remplir.

Pourtant il est debout ; il est Premier ministre ; et *de gauche* paraît-il, il parle à l'assemblée ; il est *porté* par un discours – une mélopée plaintive : Pourquoi faut-il réduire la dette ? *La Dette c'est moins d'écoles, c'est moins d'hôpitaux. La Dette c'est moins de crèches.*

Une seule figure de style a réussi à s'accrocher ; elle tient très bien toute seule – puisqu'elle a toute la place : c'est l'*Inversion,* quintessenciée, qui s'élève de *Jean-Marc* ; elle ne subit aucune altération. Fastueuse chez *Édouard,* déchiquetée chez *Gérald,* chez *Jean-Marc* elle est nue. Par lui s'énonce *exactement* l'inverse de ce qui est : la Dette vient des investissements en écoles, hôpitaux et crèches ; *donc* il-faut-réduire-LaDette pour que se bâtissent écoles, hôpitaux et crèches.

C'est *Jean-Marc*. Un hérault.
Une épure.

5

Comment peut-on *être de gauche* et faire une politique de droite ? Il suffit d'être socialiste.

6

Une telle pureté de style n'est pourtant pas donnée à tous les socialistes ; ils rivalisent d'inconsistance mais l'incolore complet reste une virtuosité. Le plus souvent, être mou, creux, invertébré : *ectoplasme*, c'est l'emballage parfait des manœuvres indignes. Un socialiste se reconnaît à ce qu'il coupe la Dette *en parfaite amitié*.

Ainsi *Michel. Sapin*, pour préciser. Dessine un culbuto avec ton compas, *Michel* apparaîtra. Tout en rondeurs et sans aspérités – ni cravate, ni monture de lunettes ; chemise déboutonnée, costume informe ; rose pâle, vert pauvre ; bannir toute allure, se garder de la moindre élégance – avoir l'air *sans malice*. *Michel* ne s'autorise rien, il ne ressemble à rien ; il peut tout se permettre.

Michel, lui aussi, croit à la souveraineté nationale ; par conséquent, il ne néglige aucun commandement des marchés ; chaque fois, sourire étale, forme sphérique et lisseur de la base – pas de zones de friction. Il plonge à droite si bas qu'il peut ; et puis revient, réjoui, se balançant – jusqu'à la verticale. Un socialiste lui aussi.

C'est cet aplomb qui parle *morale* sur France 5. Ne pas réduire l'endettement ? Déplorable égoïsme. *On a tendance à se dire, bon moi ça va aller, et tant pis pour les successeurs. C'est la facilité. Dès qu'une difficulté politique ou sociale apparaît : c'est cela qui l'emporte. Et c'est ce qui fait que presque toujours, après avoir tracé une perspective de rétablissement des finances publiques en trois ans ou en cinq ans, vous voyez cet horizon qui recule au fur et à mesure qu'on s'en approche.*

Un jour pourtant, en 2015, une population s'est révoltée contre la machine de « rétablissement » européenne. Les Grecs élisent qui refuse le mémorandum sur la Dette ; leur économie déjà nécrosée par les *ajustements structurels* – le tourne-disque a volé en éclats.

Yanis est le nouveau ministre des Finances ; sa première visite est à Paris – chez *ses camarades socialistes*. Bercy, un ascenseur dédié jusqu'au bureau de *Michel*, son homologue – débordant d'affection et de tendresses rieuses. *Michel* en effusions ; *Michel* qui lui tape dans le dos, *son cher Yanis*, il le papouille, il s'enflamme : ah *Yanis*, enfin tu es là et nous allons pouvoir tirer l'Europe de cette *rigueur* calamiteuse ! *Michel* pouffe, cependant : tout de même, faire passer Paris avant Berlin, *Yanis*, tu n'en feras pas d'autres – les Allemands ont fait connaître leur mécontentement : c'est que la Grèce *doit de l'argent*.

L'entretien est pourtant si amène, *Michel* si dilaté ; *Yanis* se sent encouragé, il se livre. Ce qu'il voudrait, ce qu'il espère, c'est une refondation selon Rousseau des relations entre la Grèce et l'Europe ; un contrat *entre égaux*. Ce qu'il a préparé : une *« Modeste proposition »* de restructuration de la dette. *Michel* n'entend pas Swift mais s'extasie tandis que l'autre explique : ah voilà, oui, *Yanis*, c'est cela même : *la bonne voie* pour l'Europe ! Il faudra en reparler très bientôt, longuement – en attendant, c'est l'heure, déjà – toujours s'interrompre en pleine révolution : la conférence de presse, *Yanis,* une formalité ; hélas quand il faut… n'est-ce pas ? Les flashs et leurs pupitres : *Michel* prend la parole pour célébrer cette amitié si rare, dire, aussi, son amour de la Grèce, et puis : *J'ai confiance que la Grèce saura mettre les réformes sur la table. La Grèce a un certain nombre d'engagements vis-à-vis de ses créanciers et elle devra les honorer. La Grèce devra accepter la discipline et envisager la flexibilité uniquement dans le cadre des accords signés.*

Avoir confiance que n'existe pas dans la grammaire française – mais dans l'Europe des Lumières, apparemment, si. Enfin, dans la leur.

Dans celle de Swift et Rousseau, on ne connaissait pas les ajustements structurels. En lieu et place, on avait la parole donnée.

Yanis se voyait secouru, soutenu, son pays relevé ; il repart sous les flashs un poignard dans les reins. Plus tard, il racontera cette rencontre au sommet – je lui emprunte son récit :

Vacillant, il demande à *Michel* : *mais qui êtes-vous ? Michel* est redevenu taquin. Eh bien, *Yanis,* toi, tu *enseignes* l'économie à Princeton, tu *comprends* ces choses-là ; imagine-toi, moi, je n'y connais rien, mais vraiment *rien du tout*. Enfin bien sûr, j'ai ma petite spécialité. Je te laisse deviner.

Michel, ministre des Finances de l'État français, membre du Conseil des affaires économiques et financières de l'Europe, unique espoir de l'économie grecque : *Michel* est spécialiste. D'histoire de la numismatique.

Un expert en monnaies anciennes – à Égine, il est vrai. Il fallait au moins ça pour achever la Grèce par la monnaie commune.

À l'Eurogroupe, *Michel* ne sera jamais brutal – pas comme *Wolfgang* ou comme le Hollandais violent – il sera lisse, toujours ; et, toujours, *Varoufakis* tombera en y cherchant appui. De bout en bout, *Michel* a coupé la Dette grecque en offrant son soutien culbuteur – ses compétences historiques, son goût pour les plages.

7

Les techniciens qui nous retirent aujourd'hui nos affaires le font au titre d'une spécialité spéciale : l'ignorance.

Et Prométhée se fait bouffer le foie pour ça.

Trébuchets et canons

1

Comme ses pareils européens, *Michel* ne sait rien, nonobstant il sait l'essentiel.

Par la numismatique il a appris le trébuchet. Un outil qui a manqué disparaître – que l'Europe a réinventé, et exhaussé. Sous une forme synthétique, elle en a fait un art de gouverner.

Une technique disciplinaire aux formes changeantes. Tout à la fois instrument de pesée monétaire et pièce d'artillerie. Le trébuchet est double. Ici proportionnant, là disproportionné : toujours il astreint. Un versant monétaire : balance de précision qui sert à vérifier le poids des monnaies – à estimer *ce qu'elles valent*. Un versant militaire : catapulte pour démolir la maçonnerie des villes assiégées – parfois aussi pour y jeter des cadavres contaminés. Le trébuchet est redoutable : on le manie à distance des archers – voir la machine s'assembler suffit en général à faire capituler.

C'est *au trébuchet* que L'Europe contraint. *Dans l'intérêt de tous* – c'est-à-dire des marchés – elle soupèse les budgets : on reconnaît ses contes hégémoniques.

Ils n'existeraient pas sans leurs institutions.

Voici l'une d'elles : pas n'importe laquelle. Catapulte et balance; de toutes les merveilles du monde inversé, la plus formidable : la Banque centrale européenne.

Monétaire et militaire, elle parle budgets équilibrés lorsqu'elle défonce les politiques publiques. Ce qu'*on* appelle sagesse : la BCE est *mesurée,* la BCE est *extérieure* aux intérêts particuliers, *indépendante,* soucieuse *d'équilibre,* d'équilibre seulement – *en soi.* Elle dit *LaDettePubliqueC'estMal,* elle le dit *doctement*; et les États, dociles, reviennent à l'équilibre – les maçonneries nationales ne tiendraient pas trois jours.

On l'ignore trop souvent : la sagesse est une arme.

En tout cas sur un certain champ de bataille. Celui où des traités ont jeté les États membres : les marchés financiers, sur lesquels les voilà désormais forcés d'aller trouver leurs financements.

Les marchés sont avides, les marchés sont peureux. Ils se précipitent sur les titres publics, se demandent aussitôt ce que vaut cet investissement, doutent qu'il faille en racheter encore. Ils ont besoin d'être rassurés, au moins d'avoir un avis.

Se tournent alors vers la Banque. Puisqu'Elle est la Sagesse.

Ses véridictions tombent, et les esprits animaux en sont frappés : tous sachant maintenant quoi penser, ils se ruent uniment dans un sens ou dans l'autre, des masses d'argent colossales sont mises en mouvement. Si c'est à fuir un État que la Sagesse a déclaré impécunieux, il connaîtra son arrêt : capitaux désertés, taux d'intérêt envolés, spectre de la faillite. Persiste-t-il dans son inconduite ? La BCE fermera le guichet à ses banques. Plus de refinancement, plus de liquidités, plus d'argent aux distributeurs. Le pays à genoux.

L'État membre comprend qu'il lui faut s'accorder avec la Sagesse. Autrement : *Athena delenda est.*

Le Trébuchet, cet instrument délicat.

2

Casting remarquable de France 5 : son patronyme ramasse toute la sagesse du Trébuchet, c'est *Jean-Claude. Trichet* Jean-Claude.

L'Institution entière repliée dans un homme. Homme monnaie, Homme mesure ; *Jean-Claude* n'est plus parmi nous : il incarne *personnellement* la valeur de l'euro.

Certains de nos billets européens portent encore sa signature. Il a été « gardien de la monnaie », en a conservé quelque chose : du lest.

Il le prête volontiers aux propos qui vont *dans le bon sens.*

Un homme observe de très près l'affrontement entre partisans de la rigueur et supporters de l'endettement, annonce *Caroline* : l'ancien président de la BCE la reçoit dans un bureau immense, cheminée de marbre, hauts plafonds à moulures, tapis épais, mobilier Louis XVI. Il est en costume d'intérieur – pantalon de toile sombre, veste de coton rugueux – ; il se veut détendu ; il est raide. Chevelure blanc immaculé, raie impeccable de côté ; col italien, cravate gris perle à chevrons : toujours inspecteur des finances – de cette génération qui fit la dérégulation. *Jean-Claude* incarne la *stabilité* – d'un rapport de pouvoir. Son désuet général est une attestation.

Jean-Claude n'est ni de droite, ni de gauche : il est à *l'équilibre.*

Jean-Claude est la pondération – la modération qui pèse. Il se souvient du temps où sa sentence faisait la tendance des marchés. Bien persuadé qu'*on l'écoute encore* : estime ses phrases au plus juste. Très peu de mots, toujours les mêmes, pour jamais adressés aux investisseurs – il les appelle les *épargnants.* Des mots pour dire le monde *comme il est,* divisé en deux types d'humanité : les dépensiers et les bons gestionnaires. Telle est la ligne de partage fondamentale. Ainsi le bon humain, le bon pays : *sérieux, attentif, renforcé, stabilisé, consolidé, bien géré, orthodoxe, équilibré, ordonné*; le reste : *dissipation, légèreté, dépense, laisser-aller, désordre.*

Être banquier central est une affaire d'éducation morale : celle des autres après soi. Le peuple se trompe, *le message des Français, c'est : plus de dépenses publiques d'un côté, moins d'impôts de l'autre.* L'absurdité en plus du dérèglement. *Jean-Claude* a mal à la profusion, la dépense le contracte ; quand *Caroline* lui parle de *modèle social* français, il se crispe, bouche en cul-de-poule, s'agite : *C'est un choix qui apparaît comme étant de société,* mais la vérité c'est que *la France est le pays le plus dépensier en proportion du produit intérieur brut! Et les gens ne le savent pas, ce que je dis n'est pas dit!*

La Sagesse est une solitude à mission. *Jean-Claude* redira patiemment ce qu'*il faut* être. *Les Français affectent d'être dissipés, ce n'est pas la réalité : il n'y a pas de chromosome de dissipation ou d'inflation française. Il y a en revanche des périodes de laisser-aller, qui ont alterné avec des périodes sérieuses* : et *les gens devraient être en colère contre les gestionnaires précédents, qui ont géré très très mal.*

Il faut seulement comprendre ce qui nous attend : *Quand on est sérieux, on a toujours des réussites de type allemand, quand on est moins sérieux, on est toujours puni.* Puni, c'est-à-dire corrigé – redressé. *Jean-Claude* appelle *redressement* l'équarrissage de peuples entiers, déballe innocemment tout l'inconscient européen – Lacan dirait : *son surmoi féroce et obscène.* En *contes,* l'ajustement structurel de la Grèce = son étranglement méthodique, devient : *La Grèce est bien engagée, dans la bonne direction.*

Moi, je n'appelle pas ça austérité, j'appelle cela retour à une situation normale.

Un journaliste, en 2012, interroge *Jean-Claude* : tout de même, Jean-Claude Trichet, avec ces plans de remboursement, il y a un moment où on arrive à l'os, où l'austérité devient contre-productive, on ne peut le nier : en Espagne, au Portugal, en Irlande ? Pourquoi recommencer avec la Grèce ?

La même raie, cheveux juste cendrés, moins sillonné par la Sagesse ; mais déjà :

— *Je peux vous donner l'exemple de l'Irlande, qui était dans une situation très mauvaise et qui est déjà revenue à la compétitivité.*

— *L'Irlande a des multinationales qui profitent de l'avantage fiscal.*

— *Mais la Grèce a des îles magnifiques !*

Vous l'avez reconnu ? Un vieux con.

3

Pour qui veut devenir Sage, vieux et con peut servir – n'est cependant pas suffisant. Il faut aussi appartenir à une autorité réputée indépendante des intérêts des États – à un lieu où *C'est ainsi* résonne dans toute sa pureté.

Les Sages sont des spécialistes augmentés : ils ne répondent de rien à personne – ce sont néanmoins leurs avis qui régentent les affaires de chacun.

Hors de contrôle, ils règlent le canon.

Zeus en effet n'a pas été démis par n'importe quel air : s'il tourne tout seul, l'entraînement musical est *réglé.*

Le disque budgétaire est un canon. En tous les sens du terme : une musique, une mesure et une arme. Condensé-déplacé : un ordre de domination – dont les « institutions indépendantes » sont la basse continue.

La *détermination* s'impose *ostinato.*

Sur France 5, le motif directeur est donné par la Banque centrale européenne et la Cour des comptes.

À l'infini, les Sages exécutent les mêmes mesures d'accompagnement, *strictement* répétées : une temporisation inexorable – et les voix suivent. Elles sont le bariolé sonore permis par le *continuo.* Elles semblent s'enrouler dans les agitations du monde – elles sont en fait *exactement* décidées par le thème. Aucune d'elles ne peut s'échapper du canon – c'est cette rigueur qui le distingue de la fugue.

Et c'est pourquoi l'impression reste : les voix remuent, se courent après, se croisent, se bousculent. On oublie facilement à quoi elles sont astreintes : toujours, une nouvelle arrive avant que les autres n'aient terminé. Elles ont des couplets simples, leur fausse diversité donne à la fois satisfaction et amplitude : accentuations, diminutions, contrepoints, variations harmoniques. Un surenchérissement continuel *dans le même* – mimétiquement réglé.

L'immuable de la basse permet la réussite des ornements. C'est parce qu'on les tient qu'ils sonnent bien comme *il faut*.

4

Et justement. Plus rien ne sort : nous sommes avec *Didier*.

Après la BCE, voici la Cour des comptes : éclairage tamisé, éclat terni : parquets sièges pieds de lampes dorés : tout est passé – partout du cramoisi éteint.

La BCE est européenne ; la Cour des comptes est nationale, vient de Napoléon. Conçue pour s'assurer du *bon usage* des dépenses publiques ; chaque année, elle présente un rapport : à quoi les fonds de l'État ont-ils été utilisés ?

Au travers du miroir, cependant, la Cour s'est métamorphosée ; ne cherche plus la meilleure allocation de la dépense, juge qu'il y a *toujours trop de dépenses.* Non plus : ce pont n'a pas été terminé, ces routes se doublonnent, mais : eh allez, on dépense, on dépense, on *arrose le sable* !

Les « Sages de la rue Cambon » assurent une part non négligeable de la basse doctrinale – en toute indépendance.

Didier ne le dira jamais assez : la Cour *n'[a] pas à apprécier les différentes politiques, n'[a] pas à commenter telle ou telle décision ; [est] là pour éclairer ; pour objectiver le débat.* Encore un conte pour peuple-enfant – qu'*on* dit à la veillée dans une très vieille Maison.

La présence même de la Cour sur France 5 relève du merveilleux : que fait cet organe de contrôle des *dépenses* dans un reportage sur la *dette* ? Précisément, il tient sa part des *contes* : il confond dette et dépenses.

On admire le trompe-l'œil.

Didier pourtant, en technicien, *ne fait pas de politique* : *Nous sommes déjà à 56 % du PIB pour les dépenses publiques, après vous arrivez à des… plafonds.* Des plafonds ? Des plafonds de quoi ? Des plafonds pour qui ?

Des plafonds pour le consentement des riches à l'impôt. Plafonné en effet. Très. Toujours plus bas, d'ailleurs. Ce qu'acceptant, la Cour ramène le problème à deux termes : dette et dépenses. Après quoi on peut dire avec *Didier,* avec *Gérald,* avec *Jean-Claude* : la dette est écrasante parce que *la France est le pays qui dépense le plus en proportion de son produit intérieur brut.*

Dette et dépenses n'ont cependant aucun rapport. 56 % de dépenses, avec 56 % de recettes (fiscales) : pas de déficit, pas de dette. Marcherait identiquement avec 35 % ou 69 %.

Sauf, bien sûr, si l'on sort les recettes de la narration.

Mais Didier ne fait pas de politique. Il tire les conclusions qui s'imposent : contre « la dépense », *il ne faut pas davantage de moyens, il faut plus d'efficacité.* Il constate : *On est rarement sur le podium quand il s'agit d'évaluer la réussite des dépenses publiques.*

L'OMS, pourtant, a évalué la réussite des politiques prescrites par *Didier Migaud* : en 2000, le système de santé français était premier au classement international. En 2020 il a dégringolé seizième – *l'efficacité.* On manque de lits en pleine crise sanitaire : hâtons-nous d'en supprimer d'autres.

Didier ne fait pas de politique, il a le sens des priorités. *Caroline*-souci-du-contradictoire lui parle de la maternité de Die, de sa suppression : *un enfant est mort, c'est un vrai drame.* Didier fait la moue : *moui,* sans doute, sans doute, *mais on peut aussi mourir dans un hôpital parce qu'il est trop petit.*

Quand on raisonne en *contes,* l'inhumain n'est jamais loin.

Caroline-objectivité-journalistique préfère glisser : *et que leur dites-vous à ces gens qui payent des impôts et ont l'impression de ne pas en avoir pour leur argent ?*

Didier leur dit : *Il y a des normes : c'est aux décideurs d'arbitrer entre proximité et sécurité.*

Les normes, ce n'est pas politique. C'est normal : pour avoir plus de sécurité, il faut organiser le désert hospitalier.

Didier, c'est l'homme retourné. Commissures contractées, bouche pincée, joues creusées – tout en lui rentre au-dedans. Il est chuintant, crâne et chaussures passés à la lustrine, des lunettes sans montures. Il était socialiste ; la droite dure l'a reconnu : c'est *Nicolas* qui l'a nommé.

Les médias ont salué ce *signe d'ouverture*.

Un canon ne fait pas de politique ; il se joue en mesure.

III

Ce qui pousse et par où

Des cannibales en vérité

1

Au pays inversé, l'indistinction gauche/droite s'appelle : *ouverture.*

2

La fermeture des options politiques devenant ouverture *à toutes les sensibilités du pays* (dit *Jean-Claude*) : un retournement onirique.

Encore un.

Si c'est un mauvais rêve, trouver les bons truchements. Maintenant c'est Freud.

Un rêve est l'expression d'un acharnement pulsionnel. Acharnement contrarié : la censure bloque sa formulation – la pulsion n'est pas présentable (c'est là son moindre défaut).

Le système conscient repousse donc la réclameuse ; elle persiste ; l'interdiction aussi

– le rêve dramatise leur conflit. À peine le conscient s'assoupit, la pulsion fait des siennes – déguisée malgré tout (sans quoi : réveil). Toute l'élaboration du rêve part de là : un contenu latent (indicible) est transformé en contenu manifeste (grimé). Ce qu'*on* ne peut pas dire se dira tout de même – défiguré.

Un discours hégémonique, c'est presque pareil : les forces dominantes s'y donnent carrière, mais maquillées. On l'a suffisamment vu, le contenu manifeste de ces discours est aberrant, étrangement déglingué : résultat d'une contorsion figurale – capable de désamorcer toute révolte des écrasés. De l'élaboration du rêve privé à celle du discours hégémonique, c'est la censure qui diffère.

Donc tout est dit, cependant tout est distordu. Dégager la vérité du redressement financier impose de redresser les énoncés du redressement.

Que reste-t-il de l'orthodoxie financière, quand on détord son discours ? Que reste-t-il de notre cauchemar une fois son récit débarrassé des tours de l'inconscient – condensations, déplacements, escamotages, inversions ?

Il reste notre cauchemar – leur rêve – entièrement désenveloppé : à nu.

Le cauchemar augmenté. Encore plus cauchemardesque : réel.

3

[Extrait : p. 12-13, Cliniques capitalistes, *G. Clairenbeau, PUF, 2021.]*

Commençons par désarmer certaines objections méthodologiques.

Notre proposition analytique est inhabituelle : nous ne disposons pas de matériau onirique à proprement parler, uniquement de paroles publiques. Des propos, néanmoins, dont la logique et la forme avoisinent celle du rêve : non-contradiction, chronologie, principe de réalité n'y ont plus cours. À cet égard, c'est tous les jours la nuit dans le néolibéralisme : les autorisations pulsionnelles des dominants ne rencontrent plus aucune limite sérieuse. Elles enfoncent les codes du travail, éparpillent les outils de redistribution – font gazer les mécontents. Pour l'heure, aucune force antagoniste ne les oblige à reculer, quelques figures de style suffisent à les rendre méconnaissables. Les discours officiels y gagnent une consistance de rêves, analysables comme tels.

Du moins est-ce notre hypothèse.

Gilles Deleuze nous avait avertis : « *Le rêve est une terrible volonté de puissance. [...] Si vous êtes pris dans le rêve de l'autre, vous êtes foutus.* »

Or nous y sommes, corps et âme, pieds et poings liés : dans le rêve du capitalisme financiarisé. Raison pourquoi il semble nécessaire d'en livrer traduction. Une *traduction,* car les satisfactions capitalistes doivent contourner les censures collectives par le travestissement.

Nous suivrons le protocole freudien. Dans l'ordre : verbatim d'un contenu manifeste ; puis contenu latent dont il est la déformation ; enfin : analyse des procédés de défiguration.

La déontologie commande de garder confidentielle l'identité du locuteur. Patient symptomatique de ce que l'hégémonie fait aux humains. Myriade de personnalités cohabitant ici harmonieusement (privilège du *bon côté* de l'hégémonie) : tantôt François, tantôt Jean-Claude, Gérald ou Didier. LaDette tient salon dans sa psyché.

Indiquons seulement qu'il pense s'exprimer sur France Inter en tant que gouverneur de la Banque de France. Venu parler dette à l'occasion de son explosion, en pleine crise sanitaire.

Au départ, il y a l'État à bien gérer.

Une Dette, ça doit être remboursé : un élément clef sera une meilleure gestion des dépenses. Le Quoi qu'il en coûte doit laisser la place à un Quand cela vaut le coup.

C'est quoi la réalité ? C'est qu'il n'y a pas de limite chiffrée, par contre il y a un élément totalement clef : c'est la confiance de ceux qui nous prêtent. Et ceux qui nous prêtent nous font confiance parce qu'ils pensent qu'à l'avenir nous pourrons et nous voudrons rembourser notre dette.

Donc, d'abord, il faut être tout à fait clairs sur le fait que cette dette nous ne l'annulerons pas, parce que s'il commence à y avoir un doute [...], là vous allez voir immédiatement les prêteurs s'en aller. S'il y a le moindre doute sur notre volonté de remboursement, si les investisseurs nous font moins confiance, ils vont monter les taux d'intérêt, le prix auquel ils nous prêtent.

Par conséquent, il faut donner des gages de notre capacité à maîtriser les dépenses. Dans les engagements que nous avons pris, nous, la France, au moment du traité constitutif de l'euro, nous avons dit très clairement que jamais nous ne ferions défaut sur notre dette. Il faut se montrer responsables : nous n'avons qu'une parole et nous ne pouvons pas tout nous offrir tout le temps.

Il est temps d'arrêter de jouer les mauvais élèves de l'Europe. Nous sommes le pays le plus dépensier en proportion du PIB, et pourtant nous sommes moins efficaces que nos voisins. Il y a un sujet avec les Français ; leur message, c'est : plus de dépenses, et moins d'impôts. Aujourd'hui, indépendamment du Covid, il y a une vraie alerte, nos dépenses augmentent sans cesse, et en même temps nous faisons face à un véritable ras-le-bol fiscal.

Donc c'est une question de sérieux : il faut se comporter en bon père de famille. Et puis c'est une question de solidarité : on ne peut pas laisser aux générations suivantes un sac à dos aussi lourd. Nous devons l'alléger.

Je ne suis pas là pour me prononcer sur telle ou telle réforme, mais pour nous rappeler à la réalité.

Il est urgent de faire la réforme des retraites.

4

[Extrait : p. 14-15, Cliniques capitalistes, *G. Clairenbeau, PUF, 2021.]*

Parole d'inconscient :

Au commencement, il y a l'État à dépouiller.

Notre plus grand désir : l'évider, le remplacer autant qu'on peut par le marché.

L'État est incapable. Tout ce que fait l'État, il le fait mal, c'est sa nature d'État. L'URSS nous l'a assez montré.

On n'a jamais fait mieux que l'entreprise privée.

Que l'État cesse de vouloir faire ce qu'il ne sait pas faire, qu'on laisse l'entreprise faire à sa place puisqu'elle sait tout faire. C'est une question de bien public.

Le bien public est une bonne affaire pour le privé. Extension du territoire de la marchandisation. Avec l'école, les hôpitaux, les prisons, les transports, l'électricité; avec le chômage, les retraites, la Sécu : qu'on nous laisse faire, on fera de l'argent.

Un dépouillement, ça s'organise.

Comment transforme-t-on la dépense publique en chiffre d'affaires privé ? C'est tout simple : *on* dit qu'il faut la réduire, et de la place est faite pour le marché.

Comment justifier qu'il faille la réduire ? C'est tout simple : on fait du déficit.

Comment faire du déficit ? C'est tout simple : *on* dit « Les Français ont un sujet avec l'impôt ». Et l'on baisse les impôts des riches.

Le déficit se creuse, c'est mécanique, c'est terrible, c'est merveilleux. À force de déficits, la dette augmente : C'estTrèsMal ; c'est tout à fait ce dont nous avions besoin.

Désormais *c'est ainsi,* nous n'avons plus le choix : pour réduire la dette, il faudra réduire la dépense. *C'est comme ça* : il n'y a plus de recettes.

De toute façon, les marchés financiers nous y obligent. C'est justement pour ça que nous les avons installés : pour ne plus avoir le choix – *du tout.*

C'est la « démocratie » qui entretient l'idée stupide qu'on pourrait avoir le choix.

Instituez les « marchés », la discussion est close.

Après *on* peut dire : LesMarchés.

LesMarchés demandent, LesMarchés exigent, LesMarchés s'inquiètent – LesMarchés commandent.

Fin de la palabre.

Que veulent LesMarchés ? C'est tout simple : ils veulent la félicité des patrimoines. Un patrimoine heureux ne peut pas diminuer. Un patrimoine est heureux s'il augmente.

Dans un patrimoine heureux, il y a des titres de la dette publique. Pour que ce patrimoine heureux puisse le rester, il faut qu'ils soient remboursés – avec intérêts.

On ne laissera pas l'État faire défaut.

On ne laissera pas l'État s'approcher des points où il pourrait faire défaut.

Et risquer de ne plus payer sa dette.

L'État doit être fiable – pour ce qui touche à nos profits.

Alors les marchés surveillent les États, leur font répéter LaDettePubliqueC'estMal, et CessonsD'ArroserLeSable.

Le défaut s'éloigne, LesMarchés approuvent, les titres de la dette publique s'apprécient.

Les patrimoines se félicitent.

Ivresse.

L'État diminue, les profits augmentent – les patrimoines aussi.

Et les riches sont deux fois plus riches.

C'est mécanique. Il suffisait d'imposer les marchés financiers.

On peut tout avoir : il suffit de tout prendre.

5

[Extrait : p. 16-17, Cliniques capitalistes, *G. Clairenbeau, PUF, 2021.]*

Dire latent et dire manifeste sont à présent *« devant nous comme deux présentations du même contenu dans deux langues différentes »*, dit Freud.

Voyons par quelles opérations on passe de l'un à l'autre.

Contenu latent : *la richesse des riches.* Sécurisée par les marchés.

Cette présentation-là doit être modifiée – sous peine de révolution. En lieu et place, le rêveur néolibéral propose une défiguration.

D'abord, un déplacement. Définition freudienne : *« Les éléments qui se pressent vers le devant de la scène dans le contenu onirique ne jouent nullement le même rôle dans la pensée du rêve [...] Le rêve est pour ainsi dire* centré différemment. » Ainsi, l'avidité du rêveur est déplacée sur « les Français ».

Ce procédé ne se suffit pourtant pas : il est soutenu par des condensations. Des éléments normalement distincts : « sagesse », « responsabilité », « sérieux », « équilibre », « raison », « Europe », « parole donnée », « engagement », « sac à dos » se trouvent amalgamés au service du décentrage principiel.

Et l'essentiel est escamoté. Dans le dire manifeste, il n'y a plus trace de ce qui pousse ; plus trace non plus des structures par où ça pousse : les marchés financiers.

6

Ainsi l'ouverture devient-elle fermeture.

Ouverture : *à la mondialisation financière.*

Ouverture aux marchés, fermeture de la démocratie.

La construction européenne a installé les marchés financiers en instances doubles : appareils de profit et de mise sous écrous. Le Trébuchet, la Commission, le conseil Ecofin : des machines de redressement qui permettent aux marchés de sanctionner les politiques économiques qui leur sont insuffisamment profitables. Leurs relais nationaux assurent l'*ostinato* – ça cause.

Je suis partie d'Athènes : j'y reviens. Car c'est en Grèce – où la démocratie s'est inventée – que les spécialistes européens ont démontré que la démocratie n'existait plus.

Je suis partie de Protagoras : j'y reviens. Son mythe expose les mécanismes mêmes de cette fermeture : un pouvoir politique retiré par celui des experts serruriers.

Des experts du verrou dogmatique, parfaits desservants des marchés ; leur vide intérieur les livre tout entiers à la doctrine – ventousés au *C'est ainsi*.

Michel n'est donc pas l'exception, il est la règle. *Yanis* est l'anomalie : il sait quelque chose.

Yanis s'en est aperçu à ses dépens – les Grecs aussi. Il a parlé raison aux Européens (restructurer la dette pour rétablir l'économie) – les automates ont répondu : canon.

Si bien qu'après des mois de « négociations », le gouvernement grec, élu pour refuser le redressement, organise un référendum : les Grecs acceptent-ils le redressement ?

Poser la question, poser la question *à un gros animal,* mais enfin vous n'y pensez pas ?

L'encre du point d'interrogation n'est pas encore sèche que la BCE coupe les liquidités.

Asphyxie monétaire de la Grèce.

Fin de la palabre.

Silence, on vous dépouille.

Se débattre la nuit

1

[Extrait : p. 115-117, Cliniques capitalistes, *G. Clairenbeau, PUF, 2021.]*

L'inconscient ne se tait jamais – et la nuit moins encore. Les gens rêvent, quelque place qu'ils occupent dans l'ordre social – avec il est vrai des résultats bien différents.

Si les rêves néolibéraux défigurent leurs félicités pour les préserver, les psychés d'opprimés ne sont qu'effort de refiguration. Ce qui est rendu méconnaissable, c'est leur exploitation de plus en plus sauvage. Et sauf à ramener ce qu'ils subissent dans le dicible, le pensable et l'imaginable, ils s'autodétruisent, faute de savoir contre quoi réagir.

Monsieur T. est infirmier à l'hôpital public. Première visite avec le Covid. Lorsque pour tout salaire de leurs sacrifices, les soignants ont reçu des applaudissements – et moins de lits.

Il raconte ce rêve à l'automne 2020.

« Hier, j'ai encore fait un rêve odieux. À peine levé, j'ai dû me recoucher. Assommé par la matinale d'Inter. Les deux recevaient… ah je ne vais pas retrouver son nom… un de ces incolores qui sont partout, un socialiste qui ressemble à un socialiste.

— Jean-Marc Ayrault ?

— Non, un autre, la tête toute ronde.

— Michel Sapin ?

— Non plus : le mien a été au gouvernement et à l'Europe, et là il est nommé à… la Cour des comptes, je crois.

— Pierre Moscovici ?

— C'est ça ! Cinq minutes à l'entendre et j'en avais des vertiges. Mon fils commence à pleurer, il joue à *Où est Charlie ?* ; il veut mon aide pour le trouver, moi je ne peux plus penser. Ma femme me dit : va t'allonger tu es livide.

« Je ferme les yeux, je sombre.

« Au début je suis dans une ville, une grande. Confinée. Des rues vides, des gens masqués. Ils se pressent. Je vais *au restaurant*. En plein confinement. Un restaurant de luxe. Ça me semble normal : j'ai l'estomac dans les talons.

« J'arrive à la porte. Il y a un portier, j'attends qu'il me fasse entrer. Mais rien ne se passe, personne ne bouge. Ni lui, ni moi. Ça dure, et puis je le regarde mieux, je le reconnais : c'est Pierre Moscovici. Il s'incline : *Monsieur,* se redresse. Reprend son immobilité souriante, mains dans le dos. Je finis par comprendre : je dois pousser moi-même la porte.

« C'est une salle à très hauts plafonds. Je suis le seul client. Le maître d'hôtel m'aborde. Moscovici, encore. *Puis-je installer monsieur ?* Je dis : Merci, près des fenêtres. *Que monsieur me pardonne : il n'est évidemment pas possible de choisir sa table. C'est une maison sérieuse.* Il me fait asseoir dans un coin incommode, me tend une carte de cuir noir : *Puis-je présenter à monsieur nos menus dégustation ?* J'ouvre la carte : une seule page, une seule ligne. *La demi-tranche et son émincé juste réduit.* Je respire de plus en plus mal, j'ai la bouche sèche. Je demande le sommelier. Le voici : Moscovici. *Puis-je présenter à monsieur notre choix d'eaux du robinet ? Froide, chaude, tiède, selon les préférences de monsieur.* J'ouvre la bouche pour répondre, rien ne sort : *Un très bon choix, monsieur.* Ils sont maintenant une noria de serveurs Moscovici, ils n'en finissent plus de m'emplir des verres d'eau. Je me lève pour aller aux toilettes. Je croise un agent d'entretien avec un chariot. Gants plastique, bonnet papier, il me sourit, c'est atroce, c'est encore lui, c'est Pierre Moscovici. Je suffoque, je ressors en courant des toilettes. Toque et tablier, le chef Moscovici me vient dessus : *Nos restrictions sont-elles au goût de monsieur ?* Je me rue vers la sortie, un Moscovici me rattrape, me tend l'addition sur un petit plateau, j'y pose ma carte bleue. Le gant blanc l'introduit dans l'appareil. Un rictus dédaigneux : *Carte muette, monsieur.* Je n'ai pas de liquide, je sors mon chéquier. *Nous ne prenons pas les moyens de paiement grecs, monsieur.* Serveurs, chef, sommelier, agent d'entretien : tous les Moscovici me fixent. *Monsieur dépense manifestement plus qu'il ne gagne, il vit très au-dessus de ses moyens.* Moscovici videur abat la main sur mon épaule.

« Je roule sur le pavé. Un Uber est là, je m'effondre sur la banquette, le chauffeur se retourne, Moscovici est au volant : *On ne peut pas tout avoir, monsieur.* Les portes se verrouillent. Je hurle.

« C'est là que je me suis réveillé. »

Ce rêve nous semble remarquable.

L'inconscient de monsieur T. exige de quoi persévérer dans l'existence – ces aliments qu'il ne parvient jamais à obtenir dans un endroit pourtant conçu à cette fin. Une situation de privation répétée que le rêve essaie d'*élucider*. Voici un inconscient qui cherche ce qui, dans la vie diurne, *détruit effectivement* monsieur T.

Un effort pour comprendre qui est effort de survie : toute la psyché de monsieur T. travaille à découvrir les causes de ses souffrances. Rappelons la position professionnelle de monsieur T. : à l'AP-HP, bien placé donc pour constater, et même vivre la démolition du système de santé par les « rationalisations managériales » successives.

Il est alors saisissant que l'inconscient de monsieur T., sans doute sous l'effet des stimulations diurnes qu'il évoque lui-même (matraquage radiophonique), se soit si judicieusement porté sur Pierre Moscovici comme synthèse personnifiée de ce qui s'accomplit par les formules du *Sérieux budgétaire,* de la *Maîtrise des comptes,* ou du *Retour à l'équilibre des finances publiques.*

Le Pierre Moscovici du rêve est une *condensation* analytiquement exacte. Condensation d'une série d'impératifs financiers et des lieux institutionnels d'où ils émanent : les gouvernements nationaux (en l'occurrence français) et l'Europe. Le personnage du rêve joue tous les rôles au restaurant ; le personnage réel a occupé – continue d'occuper – toutes les fonctions de l'aller-retour France-Europe. À toutes les places de la hiérarchie, toutes les actions de Moscovici convergent vers la pénurie – et dans le rêve, et dans la réalité.

Le fils de monsieur T. ne trouve pas *où est Charlie*. L'inconscient de monsieur T., lui, distingue exactement *où est Moscovici*. Il pointe la cause – partout présente et nulle part visible : *figurée* par le travail onirique.

2

Pierre Moscovici est sur toutes les images, mais on ne le voit pas, d'abord. Il faut scruter : on ne peut pas compter sur sa prestance pour s'aviser de sa présence. Juste une tête ronde, ni élégance ni brutalité ni stature ni consistance, un homme *constructif* : il fait le monde à l'envers et il est socialiste.

Où est Moscovici ? Un peu partout en vérité. Et depuis un moment.

Il commence dans les années quatre-vingt-dix, professeur à *Sciences-Po* – où il enseigne l'hégémonique sans peine.

Auprès de Lionel Jospin, ministre de l'Éducation nationale en 1992, il devient conseiller *budgétaire* – déjà : la dépense. Le filon : sa carrière décolle.

Commence l'aller-retour bien compris : s'occupe de l'Europe depuis la France, s'occupe de la France depuis d'Europe, en alternance. Jusqu'à parfait alignement.

Ministre français des Affaires européennes de 1997 à 2002, il s'occupe de l'Europe.

Chassé par l'opposition, il se replie au Parlement européen. Perfectionne la machine.

Revient en France au ministère de l'Économie, pour François Hollande de 2012 à 2014. Il porte le TSCG, serrure renforcée qui superpose aux 3 % de déficit courant, jugés insuffisants, un 0 % de déficit structurel, plus *sérieux*. Il lui importe que l'Europe s'occupe *vraiment* de la France.

Une fois la France équipée pour son ajustement, il redevient commissaire européen aux affaires économiques. Moscovici se charge de surveiller la bonne application de l'orthodoxie augmentée – signée par Moscovici quand il était ministre français.

Authentiquement *européen,* il se rend par ailleurs disponible pour démolir les Grecs.

On le retrouve logiquement au faîte de l'ouverture/fermeture : devenu Sage – président de la Cour des comptes, à l'automne 2020.

Sur BFM, tandis qu'on attendait de savoir qui serait nommé par *Emmanuel* pour remplacer *Didier,* quelqu'un déclare : *C'est ne pas choisir Moscovici qui serait politique.*

Du PFLB (et de la stréphopodie)

1

On se souvient de *Yanis* poignardé, demandant à *Michel* : Mais qui êtes-vous ?

On se souvient de *Michel* réjoui, répondant à *Yanis* : Moi, en vrai, je n'y connais *rien.*

On se souvient de *Michel* masque tombé, affirmant sous les flashs : *La Grèce devra accepter la discipline.*

On a vu *Gérald, Édouard, Jean-Marc, Jean-Claude, François* et *Pierre* jouer à la démocratie – la verrouiller en spécialistes.

On a vu *Gérald, Édouard, Jean-Marc, Jean-Claude, François* et *Pierre* échanger leurs places – répéter, pénétrés : *LaDettePubliqueC'estMal.* À tour de rôle et de mobilier.

Une chose est sûre, ces gens s'amusent. Énormément.

À quoi jouent-ils qui soit si formidable ?

D'abord à régner, à régenter la vie des autres – et quelle jouissance en soi. Mais il y a plus. En plus du règne, il y a *la manière.* Une manière de parler qui est dilatation, certitude complète, légitimité indubitable et rayonnement d'être empli – en disant sa partie. Une façon de discours qui donne une dimension, qui donne de l'extension. Un *plus-de-jouir* : toute une hypertrophie dont on peut se pétrir *en plus* de commander.

Ce supplément est détachable ; c'est là le propre des sociétés bourgeoises. Le plus de la pose sans le jouir du règne, tout bourgeois peut s'y adonner. Il peut prendre les mines, les parlures, les postures : alors son corps se leste – *tonus moral,* dit Durkheim.

Ce jeu s'appelle PFLB.

PourFaireLeBourgeois, sous sa forme chimiquement pure, est un jeu par et pour les bourgeois *qui ne gouvernent pas.* Un jeu d'imitation : fait pour les entendus, *qui pourraient gouverner.* Un jeu métonymique : qui donne les attributs pour la chose même. À discourir d'importance comme *Gérald, Édouard, Jean-Marc, Jean-Claude, François* et *Pierre* : la partie pour le tout, vous voici à Bercy, dans l'hémicycle, à l'Élysée – la Seine, l'Assemblée, le pays à vos pieds.

Voilà la force particulière des gouvernements à l'époque bourgeoise : *tout se passe comme si* chaque bourgeois pouvait participer – en imagination.

2

Le PFLB, dans le capitalisme, c'est l'affaire de beaucoup – et la passion d'une vie entière ; c'est une distinction et une gymnastique ; c'est un accroissement et c'est un entraînement.

PFLB, il faudra se garder de former des idées ; une pratique de recueillement. PFLB demande de se vouer : copier, toujours copier les dirigeants – pour s'assurer d'*en être* imaginairement.

PFLB, il faudra réciter – et surtout sans comprendre ; se faire une constance d'avoir des vues élevées – partagées par tous ; des airs entendus – vus à la télé. Dire uniquement *ce qui se dit*, c'est la règle du jeu.

FaireLeBourgeois est une abnégation à forte récompense. Qui s'y astreint pourra (s')émerveiller : « Regardez comme mes vues sont élevées » – sera pourtant entièrement mû par des idées reçues. Car ce sont elles qui donnent du crédit en société. Au jeu du PFLB, le savoir est facultatif ; examiner les énoncés est éliminatoire. Qui veut jouer au PFLB devra se délester de tout esprit critique – il fait balbutier ; il faut asserter. Le doute n'est pas permis dans le PFLB.

FaireLeBourgeois, c'est le paradoxe du bourgeois : pantin de la pensée qui s'imagine souverain pensant.

Pantin grégaire : plus on est de PFLB, plus on jouit ; plus nombreux les singes, plus gratifiantes les singeries, et plus grands leurs effets ; la causalité atmosphérique bourgeoise trouve là toute sa puissance : ainsi ses intérêts prennent-ils force de loi. C'est parce que le PFLB pousse tant et tant de corps individuels dans la même direction que ses effets en viennent à façonner le corps collectif.

Alors on verra, ici dans un dîner, là devant la machine à café, dans les vestiaires ou à la déchetterie, des gens hocher gravement la tête comme Bruno Le Maire ou se frotter l'œil comme Édouard Balladur, pour dire, pénétrés : *On ne peut pas laisser aux générations futures un sac à dos aussi lourd.*

Les conditions d'apparition du PFLB ont décidé de son principe fondamental. La bourgeoisie est cette classe qui a chassé l'aristocratie mais a voulu tout faire comme elle. Il fallait des prestiges à ces nouveaux régnants. Et qu'avaient-ils rencontré, en fait d'objets identifiés comme désirables, sinon des formations imaginaires d'*aristocrates* ? Ils aspirent logiquement à ce que l'expérience leur a fait estimer : des jouissances matérielles profuses, une vie d'intenses passions, le gouvernement des corps collectifs – les prérogatives de la noblesse. Les supports concrets d'un rang social. Vivre à hauteur de gouvernant, expérimenter de violentes passions et un destin d'exception, en un mot, *faire de grandes choses,* tel est le *telos* imaginaire des bourgeois.

Essentiellement, donc : FaireLeBourgeois, c'est prétendre aux grandes choses par le pouvoir de l'imagination.

Et par lui uniquement : ni les violentes passions ni les destins d'exception n'entreront jamais dans les moyens du bourgeois (médiocre et pleutre) – restent : les grimaces, le cucul, les sentences. Mais portés à la puissance causale.

3

À présent : qui *en est*? Et *Comment?*

Le PFLB est toujours remplissage, néanmoins ses façons diffèrent : on ne se gonfle pas identiquement parmi son élite (les experts ignorants qui gouvernent vraiment), chez ses desservants médiatiques (les experts de plateaux et les *décrypteurs*), ou chez le tout-venant bourgeois (qui s'autorise de toutes ces expertises).

Des variations, donc, cependant l'essence est commune. FaireLeBourgeois, toujours, c'est encaisser pour soi des bénéfices de pose sans le premier égard pour les conséquences subies – par d'autres que soi.

Que le bourgeois se rengorge, c'est son affaire, on pourrait la lui laisser. S'il s'ensuit la démolition des vies non bourgeoises, ça devient autre chose. Ça devient politique.

Cette particularité du PFLB – le ravissement de soi à conséquences collectives (désastreuses) – n'avait pas échappé à Flaubert.

Particulièrement dans *Madame Bovary.*

Madame Bovary est *le* roman du PLFB : technique, intrigue et composition. Sa narration manie décisivement le discours indirect libre – les voix des personnages ou celles de *personnes collectives* se fondent dans le récit mais *apparaissent comme telles* – pour débusquer les parleurs *parlés* par l'opinion, les agissants *agis* par l'hégémonie. Le PFLB indirect libre a ses modalisateurs, sa ponctuation et ses italiques ; il détermine en fait la totalité des péripéties de *Madame Bovary,* qui culminent (sans surprise) dans une histoire d'endettement (privé).

Emma Bovary va espérant la haute destinée qu'elle estime mériter – qu'elle ne rencontrera pas tout à fait ; ou seulement dans les livres. À ne jamais trouver splendeur à son PFLB, elle se rabattra d'ailleurs sur la ligne de crédit. Le bien nommé M. Lheureux, son créancier, sera le dernier refuge de ses rêves de grandeur inaboutis – et la ruine de Charles, son mari. Flaubert ne s'y est pas trompé : l'insatisfaction induite par le PFLB est illimitée, son débouché le plus fréquent est le crédit Sofinco.

Avant pourtant de se terminer au crédit conso, Emma parcourt la trajectoire complète du PFLB.

Je prends ses aventures au commencement des déceptions.

Emma a rencontré la Passion en Rodolphe ; las, il n'est pas à hauteur de soleils couchants ; elle s'en dépite, elle se repent, mais « *Charles n'offr[e] pas grande prise à ses retours du sentiment* ». À quoi donc occuper la grandeur de son âme ? Il lui faut une Œuvre à laquelle s'adonner.

PFLB *ex machina* : Homais le pharmacien arrive « *à propos lui en fournir une occasion* ».

Il « *avait lu dernièrement l'éloge d'une nouvelle méthode pour la cure des pieds-bots ; et, comme il était partisan du progrès, il conçut cette idée patriotique que Yonville,* pour se mettre au niveau, *devait avoir des opérations de stréphopodie.* »

Voici lancée la machine d'accès aux grandeurs imaginaires : frappé par l'*éloge* rencontré dans le journal – indication du *niveau* à atteindre – l'apothicaire se fait un objectif d'opérer un pied-bot sur-le-champ. Il lui faut cependant des auxiliaires. Opération demande opérateur, et Yonville n'a qu'un médecin : Charles Bovary. Homais presse Emma de l'enrôler – c'est d'intérêt général :

« Car, disait-il à Emma, que risque-t-on ? Examinez (et il énumérait, sur ses doigts, les avantages de la tentative) ; succès presque certain, soulagement et embellissement du malade, célébrité vite acquise à l'opérateur. Pourquoi votre mari, par exemple, ne voudrait-il pas débarrasser ce pauvre Hippolyte, du Lion d'or *? »*

Yonville a en effet cette ressource inespérée : un stréphopode à domicile. Quant à savoir en quoi consiste l'opération, c'est superfétatoire : il faut concunnover si c'est là le *progrès*. Du reste, Emma convainc Charles sans mal : quoique mou, *la pointe de la médecine* le pique suffisamment. Toutes les parties prenantes sont bientôt au complet. Sauf l'opérable : Hippolyte lui-même. Essentielle au développement de l'entreprise, la variable d'ajustement reste souvent hermétique aux beautés disruptives. D'autant qu'Hippolyte se trouve bien comme il est : *« le stréphopode, depuis le matin jusqu'à la nuit, galopait comme un cerf ».*

C'est compter sans la ténacité des pulsions bourgeoises – qu'est-ce après tout qu'un pauvre dans l'univers ? Transis de PFLB, les notables locaux s'abattent sur le corps subalterne, cobaye *sine qua non* de leur notoriété. Nos collaborateurs ne seront pas privés de leur succès. Ils accompagnent l'inadapté dans le changement.

Les bourgeois honorables font donc *une gueule* à Hyppolite : une gueule de lâche, une gueule de traître à la patrie. « *Le malheureux céda, car ce fut comme une conjuration. Binet […], Mme Lefrançois, Artémise, les voisins, et jusqu'au maire, M. Tuvache, tout le monde l'engagea, le sermonna, lui faisait honte…* »

4

L'excitation orthopédique grandit.

D'abord construire une machine de redressement : « *une manière de boîte pesant huit livres environ, et où le fer, le bois, la tôle, le cuir, les vis et les écrous ne se trouvaient point épargnés.* » Puis un décor hospitalier : « *un tas de charpie, des fils cirés, beaucoup de bandes, une pyramide de bandes, tout ce qu'il y avait de bandes chez l'apothicaire. C'était M. Homais qui avait organisé dès le matin tous ces préparatifs, autant pour éblouir la multitude que pour s'illusionner lui-même.* »

La *multitude* – les avis PFLB se portent à la totalité. Aux vastes esprits les vastes programmes. Par où la boucle est bouclée : qui a des prétentions l'annonce dans les médias. Où s'expriment les bourgeois – les bourgeois uniquement. Ainsi joue le canon ; par boucles ascendantes puissamment relayées. Les bourgeois parlent aux bourgeois de l'intérêt général ; ensemble, ils relèveront tous les défis :

« M. Homais, [...] entra [...] tenant à la main une feuille de papier fraîche écrite. C'était la réclame qu'il destinait au Fanal de Rouen *[...] :*

— "Malgré les préjugés qui recouvrent encore une partie de la face de l'Europe comme un réseau, la lumière cependant commence à pénétrer dans nos campagnes. C'est ainsi que, mardi, notre petite cité d'Yonville s'est vue le théâtre d'une expérience chirurgicale qui est en même temps un acte de haute philanthropie. M. Bovary, un de nos praticiens les plus distingués..."

— Ah ! c'est trop ! c'est trop ! disait Charles, que l'émotion suffoquait.

— Mais non, pas du tout ! comment donc !... "A opéré d'un pied bot..." Je n'ai pas mis le terme scientifique, parce que, vous savez, dans un journal..., tout le monde peut-être ne comprendrait pas ; il faut que les masses... »

Défiguration onirique, entre-soi délectable – suite. Le PFLB *décrypte* pour les pauvres (qui manquent de tout : aussi d'esprit) à proportion qu'il en fait sa pâture imaginaire. *On* dit *philanthropie.*

Pourtant Hippolyte se plaint, tendon coupé et plaie bouclée dans la machine, il souffre atrocement, une odeur de pourri l'environne, il prend peur – on lui refait une gueule : de mauviette cette fois-ci.

« Ce qui n'empêcha pas que, cinq jours après, la mère Lefrançois n'arrivât tout effarée en s'écriant :

— Au secours ! il se meurt !... J'en perds la tête !

Charles se précipita vers le Lion d'or, *et le pharmacien qui l'aperçut passant sur la place, sans chapeau, abandonna la pharmacie. Il parut lui-même, haletant, rouge, inquiet, et demandant à tous ceux qui montaient l'escalier :*

— Qu'a donc notre intéressant stréphopode ?

Il se tordait, le stréphopode, dans des convulsions atroces, si bien que le moteur mécanique où était enfermée sa jambe frappait contre la muraille à la défoncer. »

Les ravis du PFLB restent d'abord interdits. Puis se résignent à ouvrir la machine, le problème vient certainement du corps inadapté : *« Avec beaucoup de précautions, pour ne pas déranger la position du membre, on retira donc la boîte, et l'on vit un spectacle affreux. Les formes du pied disparaissaient dans une telle bouffissure, que la peau tout entière semblait près de se rompre, et elle était couverte d'ecchymoses occasionnées par la fameuse machine. Hippolyte déjà s'était plaint d'en souffrir ; on n'y avait pris garde ; il fallut reconnaître qu'il n'avait pas eu tort complètement ; et on le laissa libre quelques heures.* »

Quelques heures bien comptées – le progrès n'attend pas : « *à peine l'œdème eut-il un peu disparu, que les deux savants jugèrent à propos de rétablir le membre dans l'appareil, et en l'y serrant davantage, pour accélérer les choses.* »

Le PFLB ne connaît pas l'erreur – en cas de mécompte, il recommence à l'identique, *en accélérant* : « *trois jours après, Hippolyte n'y pouvant plus tenir, ils retirèrent encore une fois la mécanique, tout en s'étonnant beaucoup du résultat qu'ils aperçurent. Une tuméfaction livide s'étendait sur la jambe, et avec des phlyctènes de place en place, par où suintait un liquide noir.* »

Et toujours étonnés, ils devront faire appel à un autre médecin : pour amputer la jambe gangrenée par leurs soins.

5

Vraiment c'est incompréhensible : la machine a été si bien conçue, *la Grèce* était si *bien engagée, dans la bonne direction,* comment expliquer ce désastre ? Pourquoi les urgences de Montélimar étaient-elles saturées ? Pourquoi l'hélicoptère n'est-il pas arrivé dès l'appel des pompiers ?

Vous le savez bien, il y a toujours des trous à la raquette.

Des remords ? Attendez, *il peut aussi y avoir des accidents dans des hôpitaux trop petits.*

Moi, je n'appelle pas ça austérité, j'appelle cela retour à une situation normale.

Les-plus-fragiles, toujours, font dégringoler au classement – gâchent toutes les fêtes.

Ils s'obstinent à ne pas comprendre comment marchent les choses, mettent tout à l'envers.

Pierre le déplore, c'est en 2018 sur *Fanal Inter,* et il reprend encore une fois l'explication : en Grèce les *« ecchymoses occasionnées par la fameuse machine »* n'ont pas été causées par la machine, mais bien par la déformation du pied qu'elle devait corriger.

Certains aiment à dire que l'austérité a créé la crise. Je crois qu'on confond là la cause et les effets. En réalité, c'est bien la crise qui a créé l'austérité.

Du reste, *Pierre* aimerait tout de même rappeler le succès de l'opération ratée :

Avant de parler de la surveillance, peut-être faut-il quand même dire que c'est un jour majeur, voire historique pour la Grèce. La Grèce… va pouvoir enfin marcher sur ses deux pieds et [être] un pays de la zone euro comme les autres !

Le PFLB – qu'il soit du tout-venant ou augmenté en gouvernant – a une *vision*. Il est du parti du *mouvement*.

« *Qui sait si, à la prochaine fête villageoise, nous ne verrons pas notre brave Hippolyte figurer dans des danses bachiques, au milieu d'un chœur de joyeux drilles, et ainsi prouver à tous les yeux, par sa verve et ses entrechats, sa complète guérison ?* »

IV

Anamorphoses

Ce que vit Alice au travers du miroir

1

La réalité : l'opération de redressement a amputé la Grèce.

La-réalité-telle-qu'elle-est : Il faut bien voir la réalité-telle-qu'elle-est. La Grèce boitait, elle devait en passer par un ajustement structurel pour *pouvoir à nouveau marcher sur ses deux jambes.*

La réalité : en pleine épidémie, le gouvernement français poursuit l'opération de strépho-podie – amputer les services de santé, les retraites, le chômage.

La-réalité-telle-qu'elle-est : l'impossible est fait pour sauver les Français, *honneur aux* soignants *généreux* : ensemble, *nous retrouverons les jours heureux.*

Réalité : *n. fém., syn.* capitalisme financiarisé : le patrimoine des riches doit toujours augmenter, les services aux pauvres toujours s'amenuiser pour que *ça* marche mieux - les marchés financiers assurent cette complémentarité.

La-réalité-telle-qu'elle-est : *syn.* hégémonie, se dit de l'accommodation onirique de la réalité dans un jeu de langage (cf. Wittgenstein) néolibéral.

Gérald établit cette distinction : *Force est de constater que les Français ne vivent pas toujours dans le monde merveilleux d'*Alice au pays des merveilles. *Si nous ne disons pas les choses telles qu'elles sont, les citoyens [...] continueront de faire de moins en moins confiance à leurs responsables politiques et à l'État.*

Quand *Gérald* n'utilise pas le cardinal de Retz comme presse-papier, il s'appuie à contresens sur un livre qu'il a vu en dessin animé. Il croit tenir un argument d'autorité, *Alice* est une machine à dénuder le *faire autorité.*

Ce qu'Alice découvre au pays des merveilles, c'est l'*arbitraire* des mises en sens de la réalité. Pour être collectivement renforcées, elles n'en sont pas moins parfaitement accidentelles – des jeux de langage imposant un usage du monde, une répartition des places et des autorisations.

Le *monde merveilleux* qu'explore Alice est un cauchemar implacable.

Elle y rencontre les *choses-telles-qu'elles-sont* en usage dans sa société, mais sorties de leur contexte : rendues à leur aberration et leur insigne violence. *Au travers du miroir, au pays des merveilles,* tous les personnages littéralisent des expressions communes : ils sont parfaitement contingents, se prennent pourtant pour des vérités en soi. Déterminés par la grammaire qui les gouverne, ils sont odieux avec Alice, puisqu'elle ne partage pas leurs implicites. Quoi qu'elle fasse, quoi qu'elle dise, le verdict tombe : ses évidences à elle sont ridicules, fausses, *exaspérantes.*

Car ceux que le *nonsense* anime sont fanatiquement assurés de sa validité. Pièces d'un jeu auquel ils participent autant que ce jeu les décide, galvanisés par leur croyance, la hargne les prend dès lors qu'on cherche à distinguer la *réalité* derrière *la-réalité-telle-qu'elle-est.*

Gérald rappelle *les-choses-telles-qu'elles-sont* : sans cela les Français *continueront de faire de moins en moins confiance à leurs responsables politiques.* Si les Français « continuent », c'est qu'ils ont déjà commencé à se désolidariser du *C'est comme ça.* Le rappel à l'ordre commence par un rappel à la loi grammaticale.

La spécialisation dans l'ignorance de *Gérald* le découvre donc quand il croit se couvrir : les experts gouvernants sont des radicalisés de *la-réalité-telle-qu'elle-est.*

En quoi *Gérald* appartient pleinement au deuxième tome du *Pays des merveilles* : Alice le rencontre *au travers du miroir,* il sort d'une comptine et il se nomme Humpty Dumpty.

2

Humpty Dumpty est violemment autoritaire. De loin le plus infect des personnages infects avec lesquels ferraille Alice.

C'est, explique-t-il à Alice, *« qu'[elle a] devant [elle] quelqu'un – [lui]-même ici présent – qui a adressé la parole à un Roi : peut-être ne [verra-t-elle] jamais un autre bénéficiaire du même privilège ».*

Le souverain l'a touché, et c'est de lui personnellement qu'il tire sa légitime violence :

Gérald sait *ce qu'on doit*. Il réprimande, corrige, rabroue, *s'irrite* : tout ce que dit Alice est tellement *idiot* ! Elle ne comprend vraiment rien à *ce qu'il faut* ! – son identité même, qu'il lui ordonne de décliner, est totalement inadaptée.

Alice pourtant est peu nombreuse mais très déterminée – cette fois-ci au sens de *résolue* : elle veut comprendre quelle gueule on essaye de lui faire avec tant d'arrogance. Contrairement à ce que prétendent les *contes*, nul n'est plus rétif à la *cuculisation* que les enfants. Essayez donc le *C'est comme ça* sur les enfants : en fait d'obéissance, vous aurez des *Pourquoi ?* Ce que Lewis Carroll sait mieux que personne : cette disposition questionneuse est le moteur de ses textes.

Puisque *Gérald* se donne pour un expert-conteur, Alice le prend au mot. Demande l'explication des *choses-telles-qu'elles-sont*. Il ne se fait d'ailleurs nullement prier : la pédagogie fait partie de ses fonctions ministérielles. Le voici reprenant mot à mot le poème inversé qu'Alice a trouvé en pénétrant dans le miroir : notamment les condensations Trichet-Trébuchet et canon-canonade-canonique. Ces mots qui en accrochent plusieurs ensemble dans une nouvelle création lexicale, Humpty Dumpty les appelle mots portemanteaux. *Gérald* en cite d'autres, tirés du *Glissagile pour nuls managériaux*. Un ouvrage de référence. Celui-là, c'est certain, il l'a lu.

Les mots portemanteaux sont signes d'une grande dextérité du parleur : leur flexitorsion linguistique épouse les convolutions pulsionnelles du rêve néolibéral et *en même temps* les grime plaisamment. Car la flexitorsion entraîne des désordres physiques, psychiques et sociaux pour ceux qui n'ont pas rencontré le Roi.

L'expert en réalité-telle-qu'elle-est est donc spécialisé dans la grime néolibérale. Il lui revient d'homologuer en mots portemanteaux le monde structuré par les marchés financiers.

Humpty Dumpty l'explique à Alice : ses phrases à lui n'ont aucun sens ; elles vont dans le bon sens. Il vient de s'exclamer : « *Voilà de la gloire pour vous !* » sans le moindre rapport avec le fil de leur conversation.

Qu'est-ce qu'il lui raconte à la fin, cet œuf-là ?

« *J'entendais par là : "Voilà pour vous un bel argument sans réplique !"*

— Mais "gloire" ne signifie pas "bel argument sans réplique", objecta Alice.

— *Lorsque* moi *j'emploie un mot, répliqua Humpty Dumpty d'un ton de voix quelque peu dédaigneux, il signifie exactement ce qu'il me plaît qu'il signifie… ni plus, ni moins.*

— *La question, dit Alice, est de savoir si vous avez le pouvoir de faire que les mots signifient autre chose que ce qu'ils veulent dire.*

— *La question, riposta Humpty Dumpty, est de savoir qui est le maître… un point c'est tout.* »

Humpty Darmanin vient de changer de ministère. Des *Contes,* il est passé à l'Intérieur : *C'est comme ça,* sinon garde à vue. *Gérald* est flexiroce.

3

Le *Pays des merveilles* est un tissu de *nonsenses* dont Alice cherche inlassablement les motifs. Une quête vaine, d'abord. Jusqu'au point où elle devient révolutionnaire : permet d'apercevoir les automatismes signifiants les plus indiscernables. L'opération littéraire de Carroll consiste à séparer des jeux de langage de leur raison sociale : et ce faisant, à faire apparaître un *délire collectif* – *syn.* une hégémonie.

Car le *nonsense* n'est pas le non-sens : c'est la mise en évidence des mécanismes d'imposition du sens commun. Ce que rencontre Alice, c'est la langue que parle sa société, mais désamarrée des situations qu'elle construit et qui la justifient : ramenée à sa nature de convention – un arbitraire installé dans les meubles.

Chez Carroll, le langage se dégourdit. Ses turbines associatives tournent à plein, ses expressions figées s'animent : tous les protagonistes viennent de proverbes, devinettes, comptines et jeux de société. Les amphibologies, les allitérations, les assonances, le dynamisme figural propre à l'anglais de l'époque produisent une aventure en glissements, renversements et déplacements qui fait continuellement vriller le *bon sens*. L'éboulement des terrains d'entente entraîne une perturbation radicale des concaténations automatiques. Alors, alors seulement, on voit *comment on est parlé*.

Et comme pour *LaDette,* le résultat est stupéfiant : une assemblée de convulsionnaires en pleine crise – qui auraient mis les médecins à l'isolement. Des délirants qui partagent le même délire : un *ordre du monde*.

Ils n'en démordront plus : un délire est par soi conviction absolue ; qu'il devienne collectif, il sera indéboulonnable et massivement dangereux. Aura ses règles, de plus en plus intransitives à mesure qu'on avance dans le jeu.

Jeu de cartes dans *Alice,* jeu d'échecs *Par-delà le miroir,* déréglementation financière dans *LaDettePubliqueC'estMal.*

Ce que dit le Chat du Cheshire à Alice quand elle l'interroge sur la direction à prendre :

« Dans cette direction-ci, répondit le Chat en faisant un vague geste de la patte droite, habite un Chapelier ; et dans cette direction-là, ajouta-t-il en faisant le même geste de son autre patte, habite un Lièvre de Mars. Vous pouvez, selon votre préférence, aller voir l'un ou l'autre : ils sont fous tous les deux.

— Mais je n'ai nullement envie d'aller chez des fous, fit remarquer Alice.

— Oh ! vous ne sauriez faire autrement, dit le Chat : ici, tout le monde est fou. »

Notamment ces détraqués-étalons qu'il lui indique et qui arrivent tout droit de comparaisons proverbiales : *mad as a hatter,* et *mad as a March hare.* (En français, légères variations : *fou comme un lapin* et *travailler du chapeau.*)

Le Lièvre et le Chapelier font des phrases « *grammaticalement correctes* », et pourtant « *dépourvues de toute signification* » – la faute à la langue qui les parle, qui les a assignés au *Mad as*. À quoi s'ajoute une punition royale : le Chapelier, accusé par la Reine de cœur d'avoir voulu tuer le temps, est désormais privé de son écoulement. Pour les deux *fous comme* et leur ami le loir, il sera éternellement dix-huit heures ; ils sont condamnés à prendre le thé pour jamais. Impossible pour eux de quitter la table ; ils s'entassent tous trois à l'un de ses coins pour partager le même créneau horaire ; et s'y déplacent ensemble comme autour d'un cadran solaire.

4

Des gens pour qui le thé n'a plus de secret, qui vivent à l'heure fixe des puissants et dont les discours ne font pas sens : on aura reconnu les experts de plateaux.

Sur cette chaîne-*ci*, on invitera *Nicolas* ; et sur celle-*là Philippe. Bouzou* et *Dessertine*. « *Vous pouvez, selon votre préférence, aller voir l'un ou l'autre* » : ils disent la même chose. Et font le tour des plateaux comme de cadrans solaires : toujours rester sur les créneaux du capital.

Comme dans *Alice,* le reportage de France 5 a réuni les deux *Fous comme* – une édition spéciale. Occupation discontinue dans des apparitions le plus souvent brèves mais proliférantes ; à eux deux innombrables, ils font tinter leurs tasses dans tous les interstices. *Philippe* et *Nicolas* sont des experts d'ambiance.

Toutes leurs interventions sont hallucinantes ; exsudent l'annonciation millénariste. À eux – et eux seulement – est réservé un dispositif auraïque : filmés dans une demi-pénombre, lumière froide et rasante, ils phosphorent. Ils fréquentent l'invisible, traversent les apparences. On leur demande des *Prédictions.* Leur voix se fait rocailleuse ; leur corps est investi par ce qui nous dépasse : de leurs bouches tombent nos fatalités.

Front plissé, *Nicolas* : *L'État est obligé de faire des choix* (ceux du capital) ; cernes profonds, *Philippe* : *Il y a toujours quelqu'un qui paye, toujours* (jamais le capital).

Nicolas et *Philippe* n'ont plus d'alternative : ils ont leur place à la table du capital financier – s'ils lui font des oracles ajustés, ce sera

« scones et marmelade ». Ils ne quitteront sa table qu'avec leur vie sociale.

Ainsi *Philippe,* chevelure argentée, environné d'une musique de terreur ; qui doit répondre à la question de *Caroline* : *D'où viendra l'étincelle qui sera le détonateur ?*

5

Philippe branle du chef ; arc-boosté sur le canon, il a vu l'au-delà, l'incertain est pour lui sans mystères :

Le principe, toujours, dans une situation déséquilibrée comme celle que nous connaissons, c'est que l'étincelle viendra de là où on ne l'avait pas prévue, toujours. La France est un État vulnérable du fait de sa dette, la France est un État vulnérable du fait du déséquilibre de ses finances publiques.

Philippe est un augure accompli : sait enchaîner deux phrases qui s'annulent l'une l'autre. Premier énoncé : le propre des crises financières, c'est qu'on ne sait jamais d'où ça va venir. Deuxième énoncé : cependant la crise financière viendra obligatoirement de la dette publique.

Une crise, on ne sait jamais d'où ça vient, mais ça vient forcément de l'État.

N'oubliez pas la crise des subprimes, la crise des subprimes a montré que le problème quand vous avez des dettes folles, c'est pas ceux qui empruntent, c'est ceux qui détiennent la dette, qui vont être la première fragilité du système.

Exploit pythique : *Philippe* s'appuie sur les subprimes, soit une crise de la dette *privée* : qui prouve que le drame arrive toujours par la dette *publique*.

Aujourd'hui, non seulement la France a beaucoup trop de dettes mais elle a fragilisé l'ensemble de son système financier. Sa vulnérabilité va commencer par son système bancaire ou son système d'assurance, qui détient la majeure partie de la dette française.

Philippe se flexitord au physique comme aux propos : voûtonique à chaque *vulnérable* ; ployé-dressé pour faire rouler toute la *frragilité* d'un système *frragilisé*. Compactage d'incohérences et de parti pris idéologiques, le tout enlevé de mouvements souples-durs : *Philippe* ne plaint pas les efforts glissagiles.

Et là, le politique dira : vous voyez, les financiers ont fait n'importe quoi. Ou : le capitalisme a créé quelque chose d'absolument détestable. Non ! Non !

Philippe s'échauffe, ses mains ondoient en vaguelettes erratiques, il nous fait entrevoir les ténèbres du complotisme : *le capitalisme a créé quelque chose d'absolument détestable.* Pour un final en main tranchante :

Non ! Non ! C'est la manière dont on a géré l'État qui amène cela !

Philippe est initié ; toujours à l'heure du thé. Toutes ses annonciations ont la même conclusion.

Une crise, on ne sait jamais d'où ça vient, mais ça vient forcément de l'État.

Très véritable histoire du décryptage

1

Dans le piège de la dette, on traverse le miroir : tous les tournants, tous les passages, tous les détours et tous les raccourcis débouchent au même endroit. Quels que soient les paysages traversés : on tombe sur les intérêts du capital financier ; des créatures glissagiles sont postées sur tous les sentiers, elles soutiennent mordicus *la-réalité-telle-qu'elle-est* – chacune sa case et son coup.

L'une de ces pièces est souveraine ; elle côtoie toutes les autres, les enjôle, les enjoint, fait vrombir leurs mots-clefs et enflamme le plateau : c'est *Caroline.* Ou plutôt *Carrolline.* Elle consonne tellement qu'elle les redouble – y gagne des lettres.

Elle sera Reine trois fois avant la fin du jeu.

Reine Rouge.

Nous sommes perdus dans ce reportage débilitant? Nous ne pouvons *trouver notre chemin*? Qu'on s'en remette à *Carrolline* : *« Je ne sais ce que vous voulez dire lorsque vous parlez de* votre *chemin, dit la Reine : tous les chemins ici m'appartiennent. »*

Dès le début de la partie, elle plante les jalons qu'il faudra respecter : qu'on n'aille pas sortir du trajet obligé – qu'on se souvienne qu'on est *« Pion et qu'il [sera] bientôt temps [...] de se déplacer »* comme *il faut*. Le jeu est simple : galoper à la suite de la Reine et à la fin de la partie, renoncer – avec gratitude – à exercer sa souveraineté. S'effondrer épuisé dans les bras des experts.

À chaque pièce son coup, *Caroline* a le sien – décisif : elle *décrypte*. Dans le monde inversé, *décrypter* n'est pas « porter à la clarté », mais « redoubler le chiffrage » – en prétendant déchiffrer. De toutes les machines de chiffrement, voici la décisive. Plus les journaux, la télé, la radio s'excitent au *décodage,* moins l'on comprend les énoncés examinés. Et ceci : *en toute bonne foi* – une pièce ne connaît que sa case, que son coup.

Caroline suit la Direction même quand elle croit la contester ; en bon limier, elle en parcourt si bien les chemins qu'elle en fait des sillons. Souci-du-contradictoire, elle pose des questions « qui fâchent » – qui épousent toutes les défigurations : *Quelle dette sera le détonateur qui ruinera la confiance des investisseurs ? D'où peut venir le grain de sable qui fait qu'à un moment ce surendettement peut basculer ? Comment la France parvient-elle à boucler ses fins de mois ?*

La LCN a remplacé « journaliste » par « *décrypteur* », qui dit mieux la nouvelle fonction des médias. Les *décrypteurs* sont des conteurs au carré. Apothéose hégémonique : les médias *famillionnaires* (dit Heine) produisent ces pièces au pouvoir redoutable. Détenues par le capital financier, elles prennent en charge les questions qui le fâchent pour ne pas les poser. Les décrypteurs parachèvent le verrouillage – quadrillent toutes les voies en prétendant les inspecter.

Caroline interpelle *Gérald* – « sans concessions » : *Quand on interroge d'anciens ministres du Budget sur les habitudes françaises de voter des budgets en déficit, Michel Sapin déclare : c'est une facilité, Éric Woerth : c'est de l'égoïsme générationnel, Édouard Balladur souligne que c'est un manque de courage politique depuis près de quarante ans. En fait, ce qu'on comprend, c'est : on n'a pas le choix.*

Les questions décrypteuses sont sans point d'interrogation.

Décrypter fait désormais partie du vocabulaire courant : jusque dans les discours et les médias d'opposition. Grâce à quoi toute tentative de sortir du jeu est annulée par son recodage dans les termes du jeu ; et toute critique neutralisée. Pouvoir de la langue.

2

D'ailleurs, si on s'oppose, c'est qu'on a mal compris.

C'est pourquoi *Carrolline* va nous expliquer mieux. Reine Blanche.

Refuse-t-on de croire que les désastres causés par le capitalisme sont en fait causés par l'État ? Persiste-t-on à ne pas saisir pourquoi la dette publique a causé une crise des dettes privées ? Se trompe-t-on d'ennemi au point de s'écrier : *le capitalisme a créé quelque chose de détestable* ?

Carrolline sourit *d'un air de commisération : « Essayez encore une fois : prenez une profonde inspiration et fermez les yeux. »*

Alice objecte :

« On ne saurait absolument pas croire à l'impossible. »

La Reine tient bon :

« Je prétends que vous n'y êtes pas suffisamment exercée [...]. Lorsque j'avais votre âge, je m'y appliquais régulièrement une demi-heure par jour. Eh bien, il m'est arrivé de croire six choses impossibles avant le petit déjeuner ! »

Avec *Carrolline,* la vie *à l'envers* prend tout son sens. Par exemple : on aime la confiture, n'est-ce pas ? Pourtant, *« Vous n'en auriez pas, même si vous en vouliez à tout prix [...]. La règle en ceci est formelle : confiture demain et confiture hier – mais jamais confiture aujourd'hui. »* Eh bien les dépenses, c'est pareil : dépenses hier et dépenses demain – mais jamais dépenses aujourd'hui. Aujourd'hui n'est pas demain, aujourd'hui on se prive en attendant demain. La règle en ceci est formelle. Du reste c'est dans la langue : *La cour est sérieuse – pas austéritaire.*

Pour une *décrypteuse* aussi sérieuse que *Caroline,* l'inversion des causes et des effets est de bon sens – elle y est tellement habituée qu'elle l'explique tout naturellement : on redresse les Français dès maintenant en prévision d'une faute qu'ils n'ont pas commise, parce que l'avenir est écrit : ils la commettront. Pourquoi ? Parce que. *En vérité c'est la crise qui a créé l'austérité.*

Cependant les enfants sont entêtés : un Français, ça s'agite, ça fait chauffer la carte Vitale, ça se retrouve dans la misère, ça brûle des pneus – et pour finir ça met un gilet jaune. Aussi *Caroline* va-t-elle, glissagile, concaner avec des experts gouvernants pour nous redresser l'entendement. Elle minaude avec *Gérald,* lui confie les bêtises qu'elle entend dans la cour de récré : faire de la dette pour investir, *avouez que c'est tentant !*

Gérald répond : *courage* ; elle rétorque : *colère ?* Il dit *sujet avec l'impôt* ; elle : *passion française ?* Il affine : *tempête sociale* ; elle s'écrie : *Gilets jaunes !* ; il confirme : *Robert à Vierzon* ; elle : *impossible à réformer ?* Il tempère : *gros paquebot* ; elle s'inquiète : *qu'est-ce que vous leur dites à ces Français ?* Il proverbe : *on se compare, on se rassure.* Elle le coupe : *Faut les faire voyager les Français ?*

Voilà, une nouvelle sortie scolaire, ça nous promènera un peu plus longtemps tout autour du cadran.

3

Une Reine, ça court.

Le déplacement le plus puissant du plateau.

Il faut aller très vite pour que rien ne bouge.

Caroline traverse les étendues du jeu langagier – perchée sur ses talons aiguilles, ses notes à la main. Elle fonce.

Sa trajectoire a cette absence d'hésitation de ce qui suit un mode d'emploi. Mue à rejoindre l'un après l'autre les passages obligés de *LaDettePubliqueC'estMal*, elle ne dévie jamais et accélère toujours ; « *le vent sifflait aux oreilles d'Alice et elle avait l'impression qu'il allait lui arracher les cheveux* ».

Quand la Reine Rouge s'arrête enfin, Alice n'en revient pas :

« *Tout est demeuré exactement comme auparavant !*

— Pour sûr [...] : ici, voyez-vous bien, il faut courir de toute la vitesse de ses jambes pour simplement rester là où l'on est. »

Alerte, cheveux blonds relevés, en tailleur-pantalon, elle caracole, elle enquête, elle fouille, de Paris à New York, de Bercy à la Cour des comptes, elle arpente pour nous le toit du monde, on n'enfermera pas *Caroline* dans une jupe.

Caroline cavale : mais seulement dans les étages du pouvoir. Quand France 5 s'aventure chez les ploucs *(syn. : les Français), Caroline* se dématérialise en voix off. C'est qu'elle *en est* – du groupe des dominants. Reine de Cœur.

4

« "À vos places !" cria d'une voix de stentor la Reine, et les joueurs se mirent à courir dans toutes les directions, en se cognant les uns contre les autres ; néanmoins, au bout d'une ou deux minutes chacun se trouvait à son poste et la partie commençait. »

LaDettePubliqueC'estMal se joue avec des corps vivants : pour un croquet satisfaisant il les faudra maillets, boules, arceaux et joueurs. Seulement une Reine va plus vite que tout le monde, et elle y met de la passion : quand le jeu ralentit, elle *« se met à arpenter le terrain en trépignant et en criant à peu près une fois par minute : que l'on coupe la Dette à celui-ci, que l'on coupe la Dette à celle-là ! »*

Ainsi *Jean-Claude*, elle en attend beaucoup : un ancien de la catapulte, il devrait manier le maillet comme il faut – elle l'a du reste gardé pour la fin du parcours.

Hélas, *Jean-Claude* la déçoit, laisse sans arrêt passer son tour quand c'est à lui de jouer. *Caroline* souffre mort et passion, elle se dandine d'un pied sur l'autre. Elle a péniblement réussi à lui faire dire *confiance, explosif, détonateur.* Lui manquent deux arceaux : *défaut* et *vulnérable* ; étonnamment, Trébuchet cale.

Il tourne autour du point dans son glossaire pesant : *sérieux, punitions, retours à l'équilibre* – mais d'États en faillite, toujours pas. Et *Caroline* en veut.

C'est dans le mat qu'est le plaisir du jeu.

Survoltée d'impatience, elle joue son va-tout maïeutique, quoi qu'il en coûte, elle lui soutirera le pire : *Vous parlez des pays vulnérables, est-ce que la France est un pays vulnérable aujourd'hui ?*

Refus d'obstacle : *La France est beaucoup moins vulnérable que...* elle fait une moue colère... *certains pays qui sont nos voisins immédiats dans la zone euro.* Trichet menace de foutre en l'air sa dernière ligne droite. Elle s'agite sur son siège.

Pressé, bousculé, *Jean-Claude* concède quand même :

— *Mais bien entendu, les choses bougent sans arrêt.*

— *Ça veut dire quoi, les choses bougent sans arrêt, ça veut dire qu'à chaque budget on est plus vulnérables parce que plus endettés ?*

— *Cela dépend des stratégies.*

Ah, ça mais il va la retenir combien de temps, ce vieux con ! – et le voilà qui ralentit encore :

— *En principe les pays qui sont dans une situation d'endettement élevé font ce qu'il faut pour réduire leur endettement...*

— *... On ne fait pas assez, en réalité, c'est ça que vous laissez entendre ? La France ne fait pas assez pour ne pas être vulnérable, pour baisser ses déficits, c'est ça que vous pensez, au fond ?*

— *C'est ce que pense...*

— *Vous !*

— *La Cour des comptes.*

Deux arceaux, *Jean-Claude,* deux arceaux ! C'est tout de même à la portée d'un banquier central !

À présent dégondée, elle ne cache plus son dépit, elle risque la *dépense* – et cette fois c'est la bonne. Le gaspillage actionne le Trébuchet, il se réanime, s'emporte, referme une main sur le maillet, fait trembler l'autre dans un lointain : *La France est un pays qui croit encore qu'il y a quelque part Louis XIV à Versailles distribuant pensions ici ou là !*

— *Alors qu'il n'y a plus rien ?* complète-t-elle, extatique. Plus qu'un arceau, Jean-Claude !

— *Ce n'est pas qu'il n'y a plus rien, bien entendu, nous ne sommes pas en faillite.* Elle se fige, heureusement le coup part : *C'est que nous nous vul-né-ra-bi-li-sons par rapport à l'ensemble des autres pays.*

En faillite, vul-né-ra-bi-li-sés : c'est du pareil au même. *Caroline* a gagné.

Le spectateur est mat.

Décrypter ou comprendre : il faut choisir.

« Donc ce n'est pas un rêve, pensa-t-elle, à moins que… à moins que nous ne fassions tous partie d'un même rêve. Seulement, dans ce cas, j'espère que c'est mon rêve à moi, et non pas celui du Roi Rouge! Je n'aimerais pas du tout appartenir au rêve d'une autre personne, […] j'ai très envie d'aller le réveiller.

— Taisez-vous! ordonna la Reine, pourpre de fureur.

— Je ne me tairai pas! répliqua Alice.

— Qu'on lui coupe la Dette! hurla la Reine de toutes ses forces.

Personne ne bougea.

— Qui fait attention à vous? demanda Alice (qui avait maintenant retrouvé sa taille normale). Vous n'êtes qu'un jeu de cartes! »

La littérature peut : ramener de l'indicible dans le dicible, figurer de l'infigurable, rétablir des prédicats effacés.

Le reste : retrouver taille collective et terminer leur jeu, ce n'est pas dans un livre.

Le ministère des comptes publics

Dans la même collection

Patrick Boucheron et Mathieu Riboulet
Prendre dates
Paris, 6 janvier-14 janvier 2015
2015

Marielle Macé
Sidérer, considérer
Migrants en France, 2017
2017

Mathieu Riboulet
Nous campons sur les rives
Lagrasse, 7 au 11 août 2017
2018

Marielle Macé
Nos cabanes
2019

Emmanuel Venet
Manifeste pour une psychiatrie artisanale
2020

Barbara Stiegler
Du cap aux grèves
Récit d'une mobilisation, 17 nov. 2018 – 17 mars 2020
2020

Jean-Louis Comolli
Une certaine tendance du cinéma documentaire
2021

Cet ouvrage a été achevé d'imprimer en octobre 2021
sur les presses de l'imprimerie Corlet
N° d'imprimeur : 21100544
Dépôt légal : septembre 2021

Imprimé en France